RECHERCHE

DE L'ANTIQVITÉ

D'ENGOVLESME

PAR ÉLIE VINET

1567

RÉIMPRIMÉ ET PUBLIÉ AVEC NOUVELLES NOTES HISTORIQUES ET PHILOLOGIQUES

PAR

Le Docteur Cl. GIGON

OFFICIER DE L'INSTRUCTION PUBLIQUE

DEUXIÈME ÉDITION

O patria, o divvm, o regvm domvs, Engolisma !

(G. DE LA CHARLONIE.)

A ANGOULÊME

F. GOUMARD, LIBRAIRE

Rue du Marché, nos 9 et 11

1877

RECHERCHE DE L'ANTIQVITÉ

D'ENGOVLESME

RECHERCHE DE L'ANTIQVITÉ

D'ENGOVLESME

PAR ÉLIE VINET

1567

RÉIMPRIMÉ ET PUBLIÉ AVEC NOTES ET COMMENTAIRES

PAR

Le Docteur Cl. GIGON

Officier de l'Instruction publique

1876

A ANGOULÊME
CHEZ F. GOUMARD,
Rue du Marché, n° 9.

MDCCCLXXVI

A LA MÉMOIRE

de

M. Ern. GELLIBERT DES SEGUINS

Ancien Président
de la Société archéologique et historique
Ancien Président de la Société d'agriculture de la Charente
Ancien Député de l'arrondissement d'Angoulême
sous l'Empire.

—

HOMMAGE ET REGRETS

Au savant, à l'homme de bien trop tôt enlevé à la science historique,
à l'affection de ses concitoyens.

Son ancien collègue et ami,

Dr G.

AVANT-PROPOS

—

Élie Vinet fut un des littérateurs les plus érudits, les plus laborieux du XVIe siècle qu'il parcourut presque tout entier (1509-1587) en traduisant et commentant un grand nombre d'ouvrages littéraires et scientifiques de l'époque grecque et romaine. S'il n'a pas produit d'œuvres originales jetant un grand éclat, il n'en a pas moins contribué aux progrès de l'esprit humain en l'éclairant et l'excitant par la reproduction des chefs-d'œuvre de l'antiquité. La grande époque des travaux et des découvertes n'était pas encore commencée et c'est dans la contemplation des œuvres antiques, dans le désir de vérifier, de contrôler les idées des anciens qu'est né le besoin d'investigations scientifiques, la philosophie baconienne, en un mot, de même que le désir d'imiter les littératures grecque et romaine donna l'impulsion aux lettres françaises qui, à commencer par Ronsard, Bastier de La Péruse (1) et passant par Racine, Voltaire, André Chénier et bien d'autres, ont produit tant d'œuvres dignes d'être admirées. La postérité ne saurait donc être trop reconnaissante envers les savants initiateurs, les laborieux ouvriers qui, semblables à Élie Vinet, ont ouvert les portes du progrès scientifique et littéraire à l'esprit humain.

(1) Voir à la fin, note n° V, quelques remarques sur Bastier de La Péruse, poète angoumois.

Élie Vinet naquit près de Barbezieux, et, plein d'amour pour l'Angoumois, il a composé quelques opuscules sur le pays qui l'avait vu naître ou sur ceux qu'il avait longtemps habités et affectionnés ; c'est ainsi que, principal du collège de Guyenne, à Bordeaux, il a écrit : L'Antiquité de Bourdeaus, *en 1565 ;* L'Antiquité de Saintes et de Barbezieux, *en 1571 (1), et enfin,* Engoulesme, *en 1567.*

Nous ne parlerons que de ce dernier travail que nous reproduisons aujourd'hui et qui était devenu tellement rare qu'on n'en connaissait qu'un exemplaire appartenant à M. Alexis de Chasteigner, originaire d'Angoumois, mais qui habite Bordeaux depuis longtemps, et M. Eusèbe Castaigne, dans son mémoire sur les Agésinates, regrettait que la reproduction de cet opuscule, longtemps promise n'eût pas encore été effectuée. Cependant nous en connaissions un autre exemplaire appartenant à un amateur d'Angoulême, mais qui avait été tenu si secret que personne ne l'avait ni vu ni lu, la lumière avait été rigoureusement scellée sous le boisseau ; c'est justement la copie de cet exemplaire que nous reproduisons aujourd'hui, exemplaire dont l'existence a éprouvé des péripéties assez fréquentes de nos jours et qu'il est bon de raconter dans l'intérêt de l'histoire des lettres et de la bibliographie.

Le livre d'Élie Vinet faisait partie de la bibliothèque publique de Troyes (département de l'Aube), lorsqu'il fut dérobé par un employé infidèle de cette bibliotheque, qui le vendit à un libraire de Paris et celui-ci le revendit à un amateur de livres rares, celui-ci à un autre, qui, tous, bien entendu, ignoraient l'origine frauduleuse de cette plaquette ancienne ; c'est ainsi qu'elle arriva à Angoulême, où, dans l'intérêt du travail que je publiais alors sur le château de Touvre (2),

(1) M. Louis Cavrois, auditeur au Conseil d'Etat, docteur en droit, a reproduit cet opuscule dans une brochure intitulée : *Barbezieux, son histoire et ses seigneurs,* page 55, en 1870.

(2) Le château de Touvre. *Bulletin de la société archéologique,* année 1868-69, p. 431.

je n'en pus obtenir communication; mais lorsque l'œil investigateur de la justice se fut porté sur cette affaire, la plaquette fut réclamée et réintégrée à la bibliothèque de Troyes, c'est là qu'elle fut vue et copiée par M. l'abbé Augeraud, aumônier du lycée d'Angoulême, alors en voyage, et dont tout le monde connaît l'intelligence et la probité scientifique; je puis donc à mon tour publier avec la plus scrupuleuse exactitude cette œuvre intéressante pour notre pays, quoique fort inférieure à celle de notre illustre annaliste François Corlieu.

Angoulême, le 1er janvier 1876.

Docteur CL. GIGON,

Ancien Vice-Président de la Société archéologique et historique de la Charente.

RECHERCHE DE L'ANTIQVITÉ
D'ENGOVLESME.

Il s'en faut beaucoup, que la uille d'Engovlesme ne semble tant antienne, que ses uoisines, Bourdeaus, Saintes, Poitiers, Limoges, Périgueurs. Il n'i a Cœsar, Strabon, Pline, Ptolomée, ni autre tel aucteur antien, qui en face mention : et ne se trouue en elle edifice, murailhe, marbre, ni autre pierre qui uous en donne plus antienne memoire, que ce, qu'en compteray ici. Il i auroit danger de iurer, comme quelque fois me disoit feu monsieur du Douhet, Briant Valée, conseilher du Roy en sa court de parlement de Bourdeaus, que les Engoumoizins fussent les Agesinates, lesquelz Pline au quatriesme liure de l'histoire naturele, nomme entre les peuples de Guiene. Et qui n'auroit autre raizon pour prouuer cela, que la seule semblance des noms : tel argument ne seroit guere fort (1). Car ie trouue, que l'on appelloit antienement, Ecoulesme par *e* au commancement du mot, et par *c* pour *g*, sans *n* : puis Engoulesme, ce qu'on dit auiourdui communement Angoulesme, *A* pour *E* en la premiere syllabe. Lequel *A* a esté finalement la mis pour *E* par ceus qui sonnent l'*E* comme l'*A*, quand ilz le trouuent en une syllabe aueque *N*, et deuant icelle dite *N*. Ausonius de

(1) Voir à la fin, notes I, II, III.

Bourdeaus, qui enseigna les lettres à l'Empereur Gratian, fut consul de Romme l'an de Jesus Christ trois cens huitante et deus, selon le compte de Prosper le Guiennois. Cet Ausonius quelque temps apres son consulat s'estant retiré en Santonge et assés pres de Saintes, escriuit a un Tetrade poëte, des lettres en uers iambiques : là ou uous diriés, qu'il a uoulu nommer Engoulesme : mais le nom a ésté corrompu dedans tous nos liures, qui ont Ichnusa les uns : les autres Inculisna : les autres Iculisna, les autres Icolisna, et les autres Icolisina. En lequel dernier qui changeroit in en m, pour lire en Ausone, *Icolisma quum te absconderet* : ce nom, qui sembleroit bon pour le uers, approcheroit fort du nom d'Engoulesme, que trouerés en les chroniques de Sigebert : et que i'ay ueu en plusieurs uieus parchemins qui est Ecolesma : et souuant Ecolesina, pour Ecolesma.

Uous aués leu en les histoires de la France, que les François se faschant de la mauuaize uie de leur Roy Hildéric filz de Merouée, ilz le chasserent du Roiaume, et prindrent en son lieu un capitaine Romain nommé Aegidius en les aucteurs latins, et Gilon en nos François, puis se reconcilierent aueque leurdit Roy Hildéric : et aueque lui a force d'armes chasserent ce Gilon ou Gile, de la France : lequel s'en fuit en la Guienne uers les Gotz surnommés Visigotz, ennemis des François. Le Chroniqueur Sigebert, compte que ce Romain mourut l'an quatre cens huitante et un, apres la natiuité de Jésus Christ, mais ne dit en quelle partie de la Gaule. Feu le Busin natif de Narsac uillage audit païs d'Engoumois, homme aimant les lettres, et toutes choses bonnes, qui a fini ses iours au seruice de la court de Parlement de Bourdeaus, m'a donné un liure de parchemin, escrit, et non imprimé : en lequel, entre autres choses, y a, que le corps de cet Aegidius estoit enterré en la cité d'Engoulesme, et en l'église : et qu'aupres de lui gisoit un corps saint. J'ai là quelque fois cherché, et me suis enquis à maistre François de Saint Gelais chanoine en l'eglize cathédrale, et a d'autres studieus d'antiquité, et sauantz : mais il n'est là aucüne nouuelle, memoire, ni renom du tombeau de cet homme.

Sous ladite uille, aupres de la riuiere de Charante, i a une abbaie de l'ordre de saint Benoist : laquelle s'appelle de Saint Cibart ou Chibart, a cause que ce saint, comme on tient, fut le premier fondateur de ce moustier, uesquit une grand'partie de sa uie en icelui, et i mourut, là ou encores auiourdui gizent ses os : et tous les ans le premier iour de Iuillet lui est faicte une grande feste. Il s'appelle Eparchius en Latin : qui est nom grec de son origine. J'ai leu partie en l'histoire de Gregoire euesque de Tours, partie en quelques uieus liures, et mesmement en un de l'abbaie de Saint Maixent uille de Poitou, que cet Eparchius fut filz d'un Comte de Perigort appelé Felix Aureolus, et nasquit en la uille de Perigueurs, regnant en France Merouée filz de Clodio : lequel Merouée nous trouuons auoir commancé son regne l'an quatre cens quarante huit : qu'il demoura quarante quatre ans reclus : et deceda aagé de huitante ans, cent et uingt ans apres le trespas de Saint Martin de Tours, estant Iustinian Empereur de Romme et Constantinople, et regnant en France Childebert filz de Clouis, qu'on appelle autrement Hildebert, qui commança a i regner l'an cinq cens quatorze, selon ledit Sigebert. Lequel Childebert, comme il eust entendu le trespas de ce saint homme, enuoia a Engoulesme Germain Euesque de Paris, et

Gregoire archeuesque de Tours, pour sacrer le lieu, ou nagueres auoit esté enterré Saint Cibart. Lesquels apporterent là force reliquaire de saint Martin de Tours : et dedierent l'eglise en l'honneur dudit saint Martin.

Sigebert compte, que le susdit Roi de France Clouis chassa les Gotz d'Engoumois l'an cinq cens neuf : lesquels Gotz ie sai auoir regné en la Guienne de Jule Cœsar dictateur enuiron cent ans : mais ie ne sai combien de temps ilz ont tenu Engoumois, et les lieus uoisins, ni guere bien, si eus tenant Engoulesme, il i auoit là Euesque et eglize catédrale, et enquores moins deuant la uenue desditz Gotz en notre Guienne. Engoulesme toutes fois estoit lhors murée, comme nous disent tous nos historiens François, et sont ici les premieres nouuelles et plus antiennes, que me souuienne auoir leües d'Engoulesme uille (1).

Dizoient donques les uieus liures, que les Gotz auoient en Engoulesme une eglize dediée a saint Saturnin : laquelle Clouis les aiant chassés de là, fit abbatre comme chose honnie et pollue de leur herezie, et au lieu de cele là en fit fere une beaucoup plus belle et grande : laquele par les susdits saintz euesques Germain et Gregoire fut sacrée à ce uoiage, qu'ilz firent en Engoumois pour l'eglise de saint Cibart : et la dedierent a saint Pierre Apostre de Jesus Christ : et fut l'eglize cathedrale d'Engoumois : ou ilz sacrerent aussi, et pouzerent euesque un chapellain du Roi nommé Mererius, estant ces iours là

(1) Il faut remarquer qu'Elie Vinet n'a connu ni la Table théodosienne, publiée seulement en 1598, ni la *Notice des provinces des Gaules*, publiée par le P. Jacques Sirmond, vers la même époque.

decedé l'euesque dudit lieu, appellé Aptonius. Or la cause, pourquoi les Gotz auoient là uoulu auoir une eglize de saint Saturnin (si bastie l'auoient) peut estre ceste ici. Le Roi et la court desditz Gotz se tenoit communement a Toloze. Saint Saturnin auoit esté des premiers euesques de Toloze, et illec martyrizé, comme uous dira Sidonius Apollinaris en un hymne a la fin du dernier liure de ses epistres, et Fortunat euesque de Poitiers, en ses carmes. Il peut estre donques, que de là ces barbares auoient speciale deuotion a saint Saturnin, et le uouloient de leur pouuoir honorer, et comme preferer a tous autres sainctz en leurs terres et seigneuries. Mais reuenons à nos Engoumoisins.

Ie uous uient de nommer deus euesques d'Engoulesme de ce uiel temps là. I'ai quelque fois ueu sur le siege, qu'on done a l'euesque en le cœur de l'Eglize cathedrale d'Engoulesme, quelque paincture, qui me sembloit assés antique. Ce sont les douze Apostres de Jesus Christ, et quelques euesques apres eux, aueque ceste escriture.

S' AVSONIVS I
S' ABTONIVS II.
S' MERERIVS EPVS IIII.
ELIAS SCOTVS EPVS XVIII.
GERALDVS EPVS XXV.
VVILLMVS EPVS XXVI.
GRIMOARDVS EPVS XXVIII.
ROHO EPVS XXVIIII.
DEODATVS EPVS XXXII.
LAMBERTVS EPVS XXXIII.
HVGONVS EPVS XXXIIII.
PETRVS EPVS XXXV.

Uoi-uous là douze euesques d'Engoulesme, que diriés auoir esté choisis entre trente et cinq, comme les meilheurs, les plus renommés et principaus, pour respondre au nombre des douze Apostres de Jesus Christ. Et de fait, noz uieus parchemins faisoient grand feste du sauoir de cet Elias d'Escoce : et dizoient, que Beda l'Anglois, qu'on a surnommé le uenerable, auoit esté maistre de Simplicius, et Simplice de Rabanus Magnentius, que Charlemagne fit d'outremer uenir uers lui, et lui bailla un euesché en France : et Raban de Alcuinus, et Alcuin de Smaragdus, et Smaragde de Teodulphus euesque d'Orleans, duquel fait mention Sigebert en l'an huit cens quarante et trois : et Teodulfe de cet Elias d'escoce euesque d'Engoulesme, et ledit Elie maistre de Henricus (ie ne puis pas sauoir, qui sont tous ces grandz clercs ici) et Henric lessa Remigius (ce n'est saint Remy de Reims) et Neobald le chauue, moines, heritiers de sa clergize et philosophie. Mais il i a ici a douter sur ce, que nosditz antiens liures donnoient l'euesché d'Engoulesme a Merere, uacante par le deces d'Aptoine : et le paintre susdit met un autre euesque entre ceus là quand il fait saint Abtoine (l'un escrit ce nom par b, l'autre par p) segond : et saint Merere, quatriesme : ou le paintre a mis IIII, pour III, apres Mererius episcopus.

Et quand a ce, que ceste painture donne le titre de sainteté aus trois premiers euesque : il n'est en Engoumois, que ie sache, aucune mention de saint Abtoine, ni de saint Merere : mais bien du premier : et fort grande, qu'ilz appellent là, saint Ausoni. Il i a dehors la uille, ioignant presque les murailhes de ladite uille, de la part de l'occident une abbaïe de femmes, qui portent l'habit noir : en l'eglise de laquelle gist le corps de ce saint, et a ceste cauze s'appelle l'abbaïe de saint Ausoni. Auquel saint on fait feste en Engoumois le uingt et deuxiesme de Mai. Et tienent leur dit saint Ausonius auoir esté le premier euesque d'Engoulesme : et qu'il, et le susdit saint Cibart, auoient uescu d'un mesme temps, et un saint Gros, et quelques autres, qu'ilz mettent au nombre des saintz. Et me semble selon la susdite painture, que les Engoumoizins ne se trompent beaucoup de croire, que saint Cibart et saint Ausoni ont esté d'un mesme temps, encores que Mererius soit le quatriesme apres saint Ausonius : et que ce Mererius aie esté fait euesque d'Engoulesme bien tost apres le deces de saint Cibart. Car ledit Cibart pouuoit bien en moins de temps que de huitante ans, qu'il a uescu, auoir ueu changer plus de trois euesques en une prouince.

Gregoire euesque de Tours parle au cinquiesme liure de son histoire, d'un Maraquier comte et euesque d'Engoulesme, d'un sien neueu aussi comte, d'un Frontoine et d'un Heraclie euesques dudit lieu soubs le regne de Clotaire premier du nom, et de ses enfans : qui succederent a leur pere l'an cinq cens soixante et quatre, selon que comte le moine Sigebert. Ce Maraquier fut comte d'Engoumois premierement, et assés long temps : puis se feit prestre, et fut finalement ordonné euesque d'Engoulesme. Il mesnagea mout bien son eglize par l'espace de sept ans, qu'il uesquit euesque, et lui donna beaucoup de biens. On lui fit manger d'une teste de carpe (il s'en trouue bien de bonnes en la Charante) ou de quelque autre poisson, empoisonnée : dont il mourut. Ce Frontoine fut mis en sa place : mais il mourut dedans l'an par punition, comme tout le monde crioit, diuine : et fut apres lui ordonné euesque d'Engoulesme le susdit Heraclie : qui estoit un prestre natif de la uille de Bourdeaus, aiant autreffois esté au seruice du Roy Childerich pere dudit Clotaire. Or NANTIN filz d'une seur de Maraquier, se fascha fort de la mort telle de son oncle ; et pour auoir meilheur moien de la uenger, briga si fort la comté d'Engoumois, qu'il l'heut. Les COMTÉS ne uenoient par hoiriё en ce temps là, ains se donnoient par les Rois; comme font auiourdui les gouuernementz. Ceci se pourra aizement cognoistre par plusieurs passages de ladite histoire de Gregoire de Tours, si d'ailheurs on ne le peut sçauoir. Nantin donques estant paruenu a la comté desirée, ne fut paresseus a s'informer des empoizoneurs de son oncle. Chargea du crime l'euesque Heraclie, lui reprocha, qu'il retiroit a sa maizon les prestres, qui auoient meslé ceste poizon : et qu'ils beuuoient et mangeoient à sa table. Bref il s'empara des lieus et places, que sondit oncle auoit donné à l'eglize d'Engoulesme, dizant estre contre droit et raizon, que les prestres, qui auoient tué son oncle, iouissent des biens, que sondit oncle leur auoit donnés par son testament : et si tua quelques gens lais, et ecclesiastiques, qu'on chargeoit dudit empoizonnement : entre lesquelz fut un prestre, qui aiant receu un coup de iaueline a trauers le corps, par ou il perdoit tout le sang, fut sans aucun pensement mené a la torture : ou il mourut sans rien confesser. L'euesque fut fort fasché, et courroucé contre le Comte : et l'excommunia. Mais de là a quelque temps, que l'euesque se trouua a Saintes a une assemblée aueques d'autres prelatz, le comte par douces supplications feit son accord, et obtint absolution de l'euesque, moienant qu'il promit de rendre a l'eglize tout ce qu'il auoit prins, sans fere aucune mention des meurtriers. Ainsi retourna le comte en la uille ; et rendit, selon sa promesse, ce qu'il auoit prins : mais les maizons qu'il i auoit, il les pilla premierement, exilla, et abbatit. Il fut de rechef excommunié pour ce forfait par l'euesque Heraclie : qui mourut durant ses menées : et le comte eut aizement son absolution des euesques, qui succederent. Il ne fit long toutes fois apres ledit Heraclie : et mourant d'une grand'fieure et frenaizie, ne faisoit que dire et crier, que l'euesque Heraclie le brusloit, le tormentoit, et menoit en iugement deuant Dieu. Ainsi l'a escrit le bon Gregoire de Tours. Mais ces euesque ici ie ne sai les quantiesmes ils ont esté entre les dessus mentionnés euesques d'Engoulesmes. Le mesme aucteur fait au second liure mention d'un autre euesque d'Engoulesme qu'il appelle Dunames : qui doit auoir esté premier que ces trois ici.

Le mesme Gregoire fait aussi quelque mention d'Engoulesme au septiesme liure : et au neufiesme d'un euesque d'Engoulesme, qu'il appelle Nicaise : qui alla a Poitiers aueques l'archeuesque de Bourdeaus pour la reformation des Nonains, sur la fin du regne de Gontran : qui deceda l'an cinq cens nonante et sept, selon le compte dudit chroniqueur Sigebert.

Ledit chroniqueur Sigebert compte que le Roi Pipin pere de Charlemagne faizant guerre en la Guienne contre le Duc Guaïfer, print, et saccagea les uilles d'Agen, Perigueurs et Engoulesme, l'an sept cens soixante et cinq.

Item dizoient nosditz liures antiens, que Charlemaigne, l'an sept cens soixante neuf, uint droisser son armée a Engoulesme, pour courir sus a Hunaut filz de Guaïfer, qui uouloit reprandre la Duché de

Guienne : lequel il poursuiuit iusques a la riuiere de Garonne, et le contraignit de se rendre a sa merci, cependant qu'il faisoit bastir Fronsac sur la riuiere de Dordougne, a quatre ou cinq lieues de Bourdeaus ; et s'en retournant de là en France repassa par Engoulesme, là ou il uisita l'abbaïe de saint Cibart, et a la requestre LAVNVS, qui lhors estoit euesque d'Engoulesme, confirma les priuileges de la dite abbaïe, et lui lessa plusieurs lieus, dont elle auoit desia par longtemps ioui : entre lesquels estoient nommés Magnac sur la riuiere de Noire,(1) Chamilon, Chauenac, le petit Rolhac, Torsac, Sers, Thomolat sur la riuiere de Dordougne, Montuille, Baciac aueque ses apartenances, Triac, et autres : de quoi ledit seigneur lui donna instrument séelé de son aneau, et escrit de la main de son chancelier Barptoumé.

Vous aués leu en prou de liures, des grandz maus que les NORMANS et DANOIS peuple d'Alemaigne, ont iadis fait en nostre Gaule occidentale, du temps de l'Empereur et Roy Louïs, filz de Charlemagne, et de ses enfans. Ces cruelz paiens ici ne furent plus humains à l'endroit d'Engoulesme, qu'enuers les autres uilles, et lieus ou ilz passerent. Nosditz uieus liures disoient, qu'ilz la prindrent saccagerent, et brulerent. Disoient aussi, qu'en ce temps, que les Normans exilloient la Guienne, mourut le susdit euesque d'Engoulesme Elias : qui fut quelque temps apres ladite uille

(1) Erreur incroyable de la part de cet auteur qui connaissait le pays. Magnac est sur la rivière Touvre et Rouillac sur la rivière Noire ou Nouère? qui y prend sa source. Dans la Charte nº 140 du cartulaire de l'évêché, Charles-le-Chauve étant roi et Launus évêque d'Angoulême, il est fait une donation où l'on voit : *super fluvium Tolveram, Magnacum... Roliacum quoque super fluvium Noiram..*

bruslée, enuiron l'an huit cens septante, soubs le regne de Charle surnommé le Chauue.

Le susdit Launus fut donques euesque d'Engoulesme deuant cet Elias : mais ne uous puis dire le quantiesme. Il n'est nommé au nombre des douze susditz.

Le liure dessus mentionné de nostre amy le Buzin (1), disoit, que le trezor de l'églize cathedrale d'Engoulesme, fut en ce temps des Normans caché une partie soubs terre, derriere le grand autel de saint Pierre, et une partie dedans l'autel de sait Sauueur.

Le susdit Charle le Chauue regna traute six ans, et mourut empoizonné par son medecin Iuif l'an huit cens septente huit. Charle le Gros regna cinq ans, et print fin son regne l'an huit cens nonante. Disoient nos liures, qu'un Turpio, duquel ie n'ai autre cognoissance s'en estoit allé en France aueque le Roy Charle, ie ne sai lequel de ces deus Charles : et que peu de temps apres qu'il fut de retour, combatit les Normans, ie ne sai ou, et tua leur Roi Maurus (ainsi l'appelloient) et fut lui aussi tué par eus : et qu'apres un sien frere nommé EMENO, fut comte d'Engoulesme : et que ce comte deus ans apres eut guerre contre le comte de SANTONGE appelle LANDRIC : et le tua au chasteau de RVNCONIA. Ainsi latinizoient ceste place nosdits historiens, sans dire en quel païs elle estoit. A trois lieues d'Engoulesme ou enuiron, et assés pres de la Rochefoucaut (2),

(1) Le Buzin, du bourg de Nersac en Angoumois, c'est un nom complètement nouveau parmi les célébrités littéraires de notre pays. Déjà Elie Vinet en a parlé à la page 4.

(2) Ce lieu n'est pas Rencogne, près La Rochefoucauld, mais bien le château de Rancon, près Saintes ou Taillebourg.

y a un lieu, qu'un nomme Rancougne : ie ne sai si ce pourroit estre ce Runconia. Soit que ce soit, nos Santongeois furent là desconfitz : mais si ni gagna guere ce comte d'Engoumois : car il en retourna si bien blessé que dedans huit iours apres il rendit l'esprit. Il fut enterré a saint Cibart aupres de l'eglize, là ou il n'est auiourdui mémoire de luy.

Ce comte Emeno lessa un petit filz : lequel fut son heritier, s'il auoit autres biens, que ladite comté. Car le Roy Charle aiant entendu ses nouuelles de la guerre, et mort des deus comtes, donna ce dizoient les uieus liures, Engoumois et Perigort a un sien parent appellé Uulgrin frere d'Aldon abbé de saint Denis : et l'euesché, il la donna a un nommé Oliba ou Oliua.

Ilz parloient apres ceci d'un euesque du païs de France nommé FREDEBERT, qui uint en uoiage a saint Cibart (ce saint est inuoqué contre le mal de folie, comme S. Maturin et saint Mamolin) et y fit bastir une chapelle de saint Sauueur, ou il auoit intention de transporter le corps de saint Cibart : mais le propre iour qu'il sacra ladite eglize, il mourut là mesme à la fin de l'office : et là fut enterré deuant l'autel par le susdit euesque Oliue.

ODON commença a regner en France l'an huit cens nonante et un, et i regna neuf ans. De son regne faisoient mention nos liures, et soubs icelui, d'un comte d'Engoulesme, qu'ilz appelloient Alduin, et d'un comte de Poitou Ademarus, filz du susdit Emeno comte d'Engoulesme. Ilz disoient donques, que cet Ademar uiuoit en telle amitié aueque Alduin ou AVDOVIN comte d'Engoumois, et aueque Guillaume Comte de Perigort, qu'il prenoit part en leurs biens, dignités, estatz, honneurs, comme s'il eust esté leur propre frere : et que ledit Roy Odon l'appella a la court, et lui donna la comté de Poitou. Dizoient plus nos parchemins, que cet Ademar auoit uescu dix ans apres Alduin susdit : et apres cet Audouin faisoient comte d'Engoulesme un Guillaume surnommé TAILLEFER, disant que ce comte et un sien parent appellé Bernard, iouissoient par commun en grand paix et amitié des biens et honneurs de ladite comté.

Ils dizoient aussi, que le susdit Ademar comte de Poitou auoit eu a femme une filhe dudit Bernard nommée Sanche (C'est Sancia en leur Latin) de laquelle il n'auoit pu auoir enfans : et qu'a ceste cauze ces seigneur et Dame auoient donné grand'partie de leurs biens aus monasteres, comme Vocrte a l'abbaïe de Charrous, Voulton a l'abbaie de saint Martial de Limoges, Nere a l'abbaïe de saint Ian d'Angerie, Corcolin a l'abbaïe de saint Hilaire de Poitiers, et Gouruille a l'abbaïe de saint Cibart soubs Engoulesme. Et que ceste comtesse estoit trespassée le quatriesme iour d'Auril (ilz ne datoient l'année) et auoit esté enterrée aupres de l'eglize de saint Cibart : là ou auiourdui on ne cognoist rien d'elle. Son mari fut enterré a saint Hilaire de Poitiers, comme nous auons dit entre les antiquités de Poitou.

Et la cauze pourquoi elle, qui estoit comtesse du Poitou, et qui par auenture estoit décedée en Poitou mesmes, auoit uoulu son corps estre inhumé a saint Cibart, peut sembler ceste ci, sauoir est, qu'elle aimoit son païs, et que ses parens gizoient là, et qu'elle auoit deuotion a ce saint.

Dizoient aussi nos uieilhes histoires, que quand Charlemaigne uint à Engoulesme, on portoit l'habit de chanoines à saint Cibart : et que Loïs filz dudit Charlemagne, ou que que soit Pipin filz dudit Loïs, son pere uiuant, fit là reprandre l'habit de St Benoist. De rechef fut ceste abbaie desbauchée par la desolation des normans et apres q'uilz furent passés, et que les freres se peurent rassembler, ilz reprindrent l'habit canonial pour le monachal et continuerent ainsi iusque au temps du susdit comte Taillefer (sector ferri en ce latin la) Lequel aueque l'auis de sondit parent Bernard, et de plusieurs autres nobles et grands personnages, fit reprendre le premier habit de moines en laditc abbaïe : et y mit abbé un nommé Mamerdus : qui despuis fit bastir deuant l'eglize de saint Cibart, un bel oratoire, au nom de la sainte resurrection.

Le Comte Guillaume Taillefer a ceste reformation, ce dizoient nos liures, donna a laditte abbaïe une parroisse de saint Hilaire en Perrigort, l'eglize de saint Eugene en Santonge (ie ne sai si ceste homme n'estoit point Comte de Perigort et de Santonge aussi bien que d'Engoumois) pres d'Archiac, la court de Fredouruille, qu'ilz appelloient Curtem Fredoreuillam : Aubignac, Remouruille, et ie ne sai quoi d'auantage à Gouruille. Laquelle donation fut ratifiée, et l'instrument signé par Bernard comte, Arnaud filz de Bernard, Odolric uicomte, Ademar uicomte, Arnaud fils de Guillaume, et Ademar filz de Guillaume.

Des euesques d'Engoulesme, dizoient nosditz uieus parchemins, qu'au susdit Oliuc succeda Anatolius : et Gadalbert a Anatolie, enuiron l'an neuf cens soixante. puis nommoient enquore deus euesques d'Engoulesme, à l'an neuf cent huitante six, Gundebaud et Foucaud. Et l'an mil trente quatre mettoient euesque en Engoumois Eble : et apres lui Rannulfe. A l'an mil quarante et sept, Roho, succedant a Grimoard. un Guillaume l'an mil cinquante six, filz du Comte Geoffroy, frere de Fulco, et successeur de Geraud : mais ne dizoient si ce Gofredus estoit comte d'Engoulesme, ou d'ailheurs. et finalement un Ademard a l'an mil huitanté, frere et successeur de Guillaume. Et a tant se taizoient des affaires d'Engoumois noz susditz uieus liures.

L'an mille et uingt huit mourut un comte d'Engoumois, qui s'appelloit Guillaume : et fut enterré a saint Cibart, comme uerrés au cœur de l'eglize en une pierre qui n'est pas plus esleuée, que le paué dudit Cœur. Il i a là escrit en Latin ce que uous diray ici en François mot pour mot.

ICI GIST DOMP ET AMIABLE
GVILLAVME COMTE D'ENGOVLESME.
LEQVEL L'AN QV'IL RETOVRNA DE IERVSALEM,
MOVRVT EN PAIX LE SIXIESME IOVR D'AVRIL
VIGILE DE L'OSANNE,
L'AN MILLE VINT HVIT APRES L'INCARNATION.
ET TOVTE SA LIGNE'E GIST AV LIEV
DE SAINT CIBART.

Par lequel epitaphe, et ce qu'a esté ueu dessus du comte Emeno et d'autres, semble que les comtes d'Engoulesme auoient accoustumé se faire enterrer en ladite abbaïe de saint Cibart : lesquelz ont despuis prins leurs sépultures dedans la uille d'Engoulesme en l'eglize cathedrale.

Ceus, qui ont escript la vie du bon et saint Bourgougnon frere Bernard abbé de Clercuaus : lequel alla de uie a trespas l'an mille cent cinquante et trois, font là dedans mention de deus euesques d'Engoumois : qui furent de son temps. L'un appellé Gérard : qui fut ensemble archeuesque de Bourdeaus : et que uous eussiés uolontiers changé pour pour sa mitre, ou pour sa croce : et l'autre Lambert. Mais ie lerray ceci, et tout le reste du fait d'Engoumois, a tracter, a ceus, qui auront le moien d'entreprandre la recherche de l'entiere histoire dudit païs, et icelle mettre pas escript (1).

A Montignac Charente, l'an mille cinq cens cinquante et neuf.

(1) Il résulte du récit d'Elie Vinet que de son temps on possédait des documents sur l'histoire de notre pays qui sont perdus aujourd'hui ; tel devait être le manuscrit de son ami Le Buzin.

DE LA TOVVRE,

ET QVELQVES AVTRES RIVIERES D'ENGOVMOIS :

ET D'VN SEPVLCHRE

NA-GUERES TROUUÉ SOUBS TERRE AUDIT PAÏS.

—

Les antiens poëtes Gregeois, et apres eus, les latins, et ensembles les Geographes, et quelques historiens, ont escript : que la riuiere D'ALPHE'E uenoit de Peloponnese, qu'on appelle auiourdui Morée, par soubs terre, et mer, se rendre en l'isle de Sicile, a plus de trois cens lieus de là. Ainsi les Engoumoisins m'ont quelque fois uoulu fere acroire, que leurs riuieres de TARDOVERE, et BANDIAC, se desroboient, et s'en uenoient par soubz terre, iusques a deus ou trois lieus de là, fere la riuiere de TOVVRE.

Ce sont deus petites riuieres : qui sortent de Limousin en Perigort, et se uiennent rendre au païs d'Angoumois : là ou lon uoit certains trous (on m'en a montré un au dessus de la Rochefoucaut, soubs Lage-baston) dedans lesquelz s'entonne l'eaue desdites riuieres. mais c'est quand il i en a. car ce sont torrens plustost que riuieres : qui s'emflent au temps des grans pluïes : et ainsi s'encoulent iusque a la riuiere de Charente : mais l'esté s'assechent, et mesmement le Bandiac. De sorte qu'il est necessaire, que la TOVVRE, qui ne tarist iamais se pouruoie d'eaue d'ailleurs, que de là. Quand il i a eaue en ces riuieres: et qu'on la uoit perdre dedans ces trous: la, faudroit lhors iecter de la paille menue, bois, ou telle autre matiere nageante: que ceste eaue charroiroit par souz terre, et la rendroit a la Touure, si elle y uenoit. ce que ie n'ai entendu, qu'aucun aïe encores essaié. Or ceste TOVVRE descent en la susdite riuiere de Charente: laquelle Charente sortant d'un lieu nommé Charennac, en Limousin, sur le chemin de Limoges a Engoulesme, uient par Engoulesme, Cougnac et Saintes se rendre a la grand mer: et a sa source ladite Touure a deus lieues françoises ou enuiron, de ladite uille d'Engoulesme, de plusieurs fontaines, en petit espace, au pié d'un tertre : sur lequel uerriés les ruines d'un chasteau : qui semble auoir autrefois esté assés fort, et braue. La plus grande de ces sources uous puis-ie comparer a quelque grand et large puis : qui ietteroit eaue a plaine bouche tout rasibus terre, sans fere bruit aucun, sans grandes ondes, ni escumes. Cesdites sources iettent eaue presque tousiours d'une sorte : et ainsi ne croist iamais beaucoup la riuiere de Touure, qui n'a guere autre eaue, que de ces fontaines là. Elle a beaucoup plus d'auantage en largeur, qu'en profondeur : et uous dirons les Engoumoisins de la beauté d'icelle, et fertilité, que c'est la riuiere couuerte de Cygnes, pauée de Truites, et bordée d'anguiles, et Escreuisses : qui est ce qu'a uoulu dire Clément Marot en la bergerie, qu'il a faite sur le trespas de Loïse de Sauoïe, quand il dit :

La pauure Touure arrousant Engoulesme
A son paué de Truites tout destruit:
Et sur son eau chantent de iour et nuit
Les Cygnes blas, dont, toute elle est couuerte.

Cette riuiere de Touure et ses sources, sont des plus grans merueilles, et Choses dignes de uoir, qui soient en Engoumois : auquel païs s'est nagueres trouuée une chose qui merite aussi en mon aduis, estre publiée, et communiquée entre ceux, qui admirent l'antiquité.

Il y a un bourg a deus lieues, de la mesure du païs, au dessus Engoulesme, sur la mesme riuiere de Charante, qui s'appelle VARS : duquel lieu le seigneur est l'euesque d'Engoumois, quiconque soit cestui la. Aupres de ce bourg, et de la part d'orient, en un champ, ou les beufz traisnoient ordinairement la charrue, ainsi que le bon homme laboureur uouloit faire un foussé l'an mil cinq cens quarante et un, selon le compte de Romme : il se trouua un monument de ceste estoffe et façon.

La terre premierement remuée, on auise là cinq pierres, de pierre d'Eschalat, longues chescune de cinq a six piés : larges et espoisses de deus ou enuiron : fort bien ioinctes et assemblées. Lesquelles arrachées de là descouurirent un lieu prelong, muré de gros quartiers de pierre de tailhe, et paué de mesme : et là dedans enfermé un tombeau, estendu, et couché sur ledit paué : mais ne touchant ausdites muralhes d'un grand pié ou enuiron. ceus, de qui i'ay apprins ceste histoire, qui uirent toutes choses, mais ne mesurerent rien que de leur esme, m'ont ainsi par tout enuironné d'incertitude de mesures. Ce tombeau de pierre de l'Isle (l'Isle et Eschalat sont deus lieus audit païs : ou il i a bonne pierrieres) estoit de deux pieces. Le timbre d'une, et son couuercle d'une autre. lequel couuercle faict a demi rond couuroit fort proprement son timbre, l'outre passant tout au tour de demi pié ou euuiron : et leué qu'il fut, descouurit un coffre de plomb tellement couché dedans ledit timbre, qu'il ne touchoit aus costés ni aus bouts d'icelui d'ung palme ou enuiron. Son couuercle estoit de tele sorte fait, et posé dessus, qu'il emboitoit ledit coffre : et descendoit le bort deus ou trois dois tout au tour.

D'auantage ce Coffre prelong estoit cinct de quatres bandes de fer de trois dois de largeur et un d'espoisseur. et ne s'estant la dedans de rien empiré le plomb par si long trait de temps, la rouilhe auoit tellement endommagé ce fer, qu'il fut fort aisé a rompre lesdittes bandes aueque la tranche ou piarde. Ce coffre ouuert, on uoit la dedans le corps d'un homme, ou, que ie ne mente, d'une femme. lequel du commancement. se monstra assés entier : mais soudain qu'il eust un peu prins d'air, tout se défigura en peu de pouldre, hormis les os : lesquelz uous ussiés peu encores auiourd'hui trouuer entiers, tous, ou pour le moins la plus grand' part : quand le pauure peuple en eust esté creu : qui soudain commença a les reuerer, et le tombeau aussi disant (deuinés, comment il l'auoit deuiné ?) que c'estoit là le sepulchre, et le corps de sainct Iaque, ie ne sai si du petit ou du grand saint Iaque apostre de Iesus Christ. Ainsi ce pouuoient mesconter les pauures gens : qui faisoient un masle de ce, qui resembloit quasi plus a une femelle, comme m'ont dit les plus sçauants qui se trouuerent là. I'en ai ueu la caluarie, en ladite uille d'Engoulesme entre les mains de Iaque Carrion Tourangeois, chanoine d'Engoulesme, et uicaire de l'Euesque : mais ie n'y ay peu rien cognoistre du sexe : et si me semble que ce chef auoit esté de personne de moienne stature. Or le bon homme laboureur, a qui estoit la terre, eut affere de nombre de témoins et recors pour lui aider a fouir, rompre, et arracher ces tant grandes pierres : mais entre autres y appella les officiers du seigneur du lieu, c'est a dire de l'Euesque d'Engoumois, comme auons dit : affin que s'il se fust trouué quelque trop grand trezor, ledit sieur en eust la meilleure part : et que l'on n'en demandast audit bon homme, quand il eut esté seul, plus qu'il n'y en eust trouué. Mais uoici tout le tresor qu'ilz y trouuerent : et si fut tout bien fouilhé, secoüé, et uenté. C'est en la poudre, entre les os de la poictrine, pres du lieu ou nature loge le cœur en nos corps, une petite feuille d'or, du pois de demi ducat, pliée en rond, comme un fer d'aguillette, plus longue que large, et plus large d'un bout que d'autre. Laquelle ie uis quelques iours apres qu'on l'eut trouuée, entre les mains du secretaire dudit euesque, en la uille de bourdeaus : là ou l'auoit portée ledit officier : qui cherchoit par tout quelque clerc, qui lui peust dire des nouuelles de ce, qui estoit escript là dedans. Elle fut despuis portée a la court : et finalement par ledit euesque presentée au Roy François le grand : mais de là n'ay sceu qu'elle est deuenue. Voici qu'il i auoit graué, ou estampé plustost, les lettres paroissant des deus Costés, a cause que la piece estoit tenure a merueilles.

Α	Ε	Η	Ι	Ο	Υ	Ω
Ω	Υ	Ο	Ι	Η	Ε	Α
Ε	Η	Ι	Ο	Υ	Ω	Α
Υ	Ο	Ι	Η	Ε	Α	Ω
Η	Ι	Ο	Υ	Ω	Α	Ε
Ο	Ι	Η	Ε	Α	Ω	Υ
Ι	Ο	Υ	Ω	Α	Ε	Η

Cesont en sept ranches les sept uocales Gregeoises disposees en la premiere, d'ordre, comme elles sont en leur alphabet entre les autres lettres. en la seconde ligne couchées au rebours, la premiere la derniere, comme il se uoit. En la tierce, la letre seconde de la premiere ligne, est la premiere : et les autres la suiuent d'ordre. en la quatriesme la seconde aussi de la ranche seconde, est la premiere : et les autres apres elles en leur Ordre. La cinquiesme ligne commance par la tierce letre de la premiere : et la sixiesme semblablement par la tierce de la seconde. Bref la letre, qui fait le meillieu des deus premieres ranches, est la premiere de la septiesme : et ainsi se trouue finalement la fin et le commancement, au meillieu. c'est Ω : qui est fin de la premiere ranche, et commancement de la seconde. Vous aués en chacune de ces sept ranches, toutes lesdites sept uocales : et lesdites sept letres au commancement desdites sept ranches. Vous noterés aussi en ce meslinge plusieurs autres finesses, outre ce, que les Pythagoriens ont dict du nombre de sept : qui prins sept fois, fait quarante et neuf letres en ce quarré. Mais sauriés uous dire, que signifie ceste escripture ? combien qu'il ne soit ia bezoin de s'opiniatrer trop a uouloir deuiner que c'est. Car ie crains, que cela ne soit qu'une gaillardize pour fere resuer les gens : et se moquer des plus fins songe-Creux.

FIN

NOTES & COMMENTAIRES

I

Elie Vinet commence son livre en disant qu'il s'en faut de beaucoup que la ville d'Angoulême soit aussi ancienne que ses voisines, Bordeaux, Saintes, Poitiers, Limoges, Périgueux; que cette ville n'a été citée ni par César, ni par Strabon, Pline et Ptolémée; qu'on n'y trouve ni édifices, ni murailles, ni pierres qui remontent à une époque plus ancienne que ce qu'il écrit. Enfin, qu'il ne faudrait pas croire que les Angoumoisins fussent les Agésinates de Pline, en s'appuyant sur la seule raison de la prétendue ressemblance des mots *Agesinates* et *Angoumoisins* ou Angoulême.

Certainement Elie Vinet peut avoir raison lorsqu'il prétend que la ville d'Angoulême est moins ancienne que ses voisines, puisque les auteurs de l'antiquité ne l'ont pas nommée, tandis qu'ils ont nommé ces premières.

Cependant, ce n'est pas là une preuve positive : ni Strabon, ni Ptolémée n'avaient visité la Gaule; il en est de même de Pline le naturaliste, qui n'avait jamais traversé que le Midi de la Gaule pour aller d'Italie en Espagne et qui n'a dénommé tant de peuplades, tant de villes que sur des renseignements plus ou moins inexacts ; il n'y a donc rien d'étonnant qu'il en ait beaucoup oublié et notamment Angoulême. Nous ferons voir plus loin que sur la carte de Peutinger on a oublié Saintes, l'une des villes les plus importantes de la seconde Aquitaine. Mais on ne peut nier pourtant qu'Angoulême soit une ville gallo-romaine, et Elie Vinet le reconnaît lui-même lorsqu'il dit un peu plus loin que la ville où résidait Tetrade, l'ami d'Ausonius, *Icolisma quum te absconderet*, est la ville d'Angoulême ; or, Ausonius, le poète, né en 309 de notre ère, mort en 394, fut consul de Rome en l'an 382. De plus, notre ville devait avoir beaucoup d'importance et d'ancienneté, puisqu'elle possédait des écoles assez renommées pour avoir un instituteur comme le poète et grammairien Tetrade, dont la célébrité est arrivée jusqu'à nous. On était donc encore en plein empire romain au temps d'Ausonius, mais notre ville *Inculisna*, *Icolisma*, *Icolisina*, comme la dénomme Elie Vinet d'après Ausone, était bien plus ancienne que cela, puisqu'elle avait eu déjà plusieurs évêques, saint Ausoni, saint Aptone, dont le premier, disciple de saint Martial, datait du IIe ou du IIIe siècle au plus tard ; d'aucuns disent même du premier siècle de notre ère (1).

Elie Vinet est aussi dans une complète erreur lorsqu'il dit que la ville d'Angoulême ne possède ni édifices, *ni murailles*, *ni pierres* qui nous en donnent plus

(1) Gabriel de la Charlonie au XVIe siècle et de nos jours M. l'abbé Arbellot ont soutenu que saint Martial et par conséquent son disciple saint Ausoni dataient du Ier siècle de notre ère, étant venus prêcher le christianisme dans nos contrées vers l'an 74 après Jésus-Christ ; d'après cela notre premier évêque serait contemporain de Pline le naturaliste lui-même, mort en 79 dans une éruption du Vésuve, celle qui engloutit Herculanum.

ancienne mémoire. Il faut que cet auteur ait observé bien superficiellement notre cité pour avoir émis une pareille opinion ; cependant il était le contemporain et l'ami de François Corlieu, qui a fait de lui un fort bel éloge, et Corlieu, à l'inverse d'Elie Vinet, a reconnu l'ancienneté d'Angoulême par les débris antiques qu'on y rencontrait de son temps qui était, disons-nous, celui d'Elie Vinet, puisque celui-ci a publié son œuvre en 1567 et celui-là en 1575.

Voici, au reste, comment s'explique Corlieu dans son *Recueil en forme d'histoire* : « Ressentent aussi leur antiquité les murailles de la première ville depuis le chastelet jusqu'au chasteau, lesquelles sont restées en quelques endroits malgré le temps et les désastres advenus à la pauvre ville, faites de grands quartiers de pierre de quatre à cinq pieds de longueur et larges à l'advenant, entassées l'une sur l'autre sans mortier, comme celles que nous voyons basties du temps des anciens Romains à Saintes et Périgueux ; et si s'est encores cette année descouvert une marque de plus grand antiquité en ces murailles, qu'ayant été ouvertes on a trouvé l'intérieur d'icelles, fait et massonné de pièces d'autres pierres qui, auparavant, avaient servy à autres édifices, comme colonnes, frises et soubassements qui monstre que jadis lesdites murailles furent faites des ruines de quelques temples ou autres superbes bastiments autres fois basties au mesme lieu, indice d'une très-grande et non remarquée antiquité. » Et ce qu'avait vu Corlieu en 1575, tous ceux qui ont observé le reste de la muraille primitive de notre ville l'ont vu aussi. Desbrandes, en 1790, lorqu'on démolit la muraille appelée Barbacane, qui du château allait au rempart Desaix, en suivant la ligne supérieure du parapet de la place actuelle du Parc (1), a remarqué, signalé et décrit ces larges pierres entassées l'une sur l'autre sans mortier, semblables à celles dont parle Corlieu, et de nos jours nous assistons au même spectacle ; lorsque nous parcourons la rampe qui, de la place du Palet, va au pont de Saint-Cibard, si nous examinons attentivement le pied de nos murailles de ville au nord, nous voyons encore en plusieurs endroits ces grosses pierres entassées sans mortier qui, d'après Corlieu, ressentent aussi leur antiquité, et lorsqu'en 1859 une édilité inintelligente et sans patriotisme local, poussée par la meute famélique des démolisseurs et des insulteurs, eut condamné à la destruction ce vieux château d'Angoulême, en qui résidaient tant de souvenirs historiques, pour le remplacer par cette masse insipide de pierres blanches que je ne considère jamais qu'avec dédain, alors nous avons vu sortir de la muraille contenue dans l'enceinte du château et suite des précédentes observées par Desbrandes, par Corlieu, une foule de débris précieux : colonnes, chapiteaux en marbre blanc et autres, statues d'hommes et d'animaux, entablements, inscriptions latines, cypes et monuments funèbres, etc., etc (2). Et lorsqu'on démolira ce reste de vieilles murailles que l'on aperçoit dans le square de l'hôtel de ville, et qui séparait autrefois le vieux château militaire des communs ou servitudes, je suis

(1) C'étaient les restes de la muraille qu'Alduin, comte d'Angoulême, avait bâtie avec les débris des anciens monuments restés sur place vers 868. *In ipso anno.... AEquilisina civitas adgreditur reædificari. (Chronicon Engolismense.)*

(2) Ces pierres de nos remparts ont été figurées par M. l'abbé Michon dans la Statistique monumentale de la Charente, page 170, et M. Eusèbe Castaigne, dans son mémoire sur les Agésinates, a donné un dessin exact et détaillé des débris d'architectures et des

persuadé qu'on retrouvera les mêmes débris romains. Elie Vinet a donc été un observateur superficiel, peu instruit en archéologie, lorsqu'il a affirmé que la ville d'Angoulême ne renfermait aucun signe, aucun débris d'antiquité comme ses voisines Bordeaux, Limoges, Saintes et Périgueux.

Mais alors comment se fait-il que si Angoulême existait au temps de l'empire romain, son nom ne figure pas dans les livres des anciens géographes ni sur la carte de Peutinger? Il y a là certainement une question assez embrouillée sur laquelle tout n'a pas été dit. Mais d'abord, je remarquerai que ces géographes antiques qui ont parlé des lieux qu'ils n'avaient pas vus, se sont souvent copiés les uns les autres avec les mêmes erreurs et les mêmes omissions.

M. Eusèbe Castaigne, dans son mémoire sur les Agésinates, prétend qu'Angoulême s'appelait, chez les anciens, *Condate Agesinatum;* c'est là une hypothèse forgée de toutes pièces et sans aucune preuve à l'appui. Je suis bien convaincu que le *Condate* de la Carte théodosienne était très près d'Angoulême, mais ce n'était pas Angoulême; quant à vouloir faire dériver le mot Angoulême d'*Agesinates*, c'est une témérité contre laquelle tout le monde a protesté, Elie Vinet comme Corlieu, comme d'Anville au siècle dernier, comme Michon de nos jours, comme tous les

inscriptions trouvées dans les murs du château en démolition. Malheureusement ces débris, abandonnés dans un ignoble cloaque, sont en voie de destruction, puisqu'on n'a jamais pu trouver une administration municipale assez intelligente, assez patriote pour accorder un lieu de refuge à ces débris qui sont les titres de noblesse de notre cité, tandis qu'à Saintes, Limoges, Périgueux, Bordeaux des musées d'antiquité servent de refuges à ces reliques qui sont l'objet de l'admiration et du respect de tous les gens instruits.

écrivains ; c'est au reste un point sur le quel je reviendrai avec plus de détails. Je dis que le Condate de la carte de Peutinger n'est pas Angoulême, mais était très-près d'Angoulême : ce n'était pas Angoulême, puisque, bien avant Théodose-le-Grand ou Théodose II sous lesquels, dit-on, la fameuse carte a été faite, Angoulême existait avec son nom ; Saint Ausoni, contemporain de Saint Martial, était évêque d'Angoulême dès l'an 250, au moins, ainsi que nous l'enseigne la leçon des Bollandistes, puisée aux sources les plus positives ; si Condate avait été Angoulême actuel dont le nom eût été changé plus tard, on eût dit Saint Ausoni, évêque de Condate, tandis qu'on a toujours dit Saint Ausone, évêque d'Angoulême, quoiqu'on ne puisse préciser l'orthographe latine de ce temps-là. Condate, encore une fois, n'était pas Angoulême à l'époque de l'exécution de la carte de Peutinger, car l'empereur Théodose II régna de 408 à 450, et les poésies d'Ausone, dans lesquelles on trouve *Inculisna*, *Icolisna* ou *Icolisina*, étaient écrites dès 374 ; enfin, dans l'inventaire ou *Notice des provinces des Gaules* faite sous Honorius, à peu près au temps de Théodose et publiée plus tard, au XVIe siècle, par le père Jacques Sirmond, notre ville est signalée comme une des quatorze cités de la nouvelle Aquitaine et elle est désignée sous le nom de *Civitas Ecolismensium* d'après d'Anville, c'était la cité des Angoumoisins ou plutôt des *Ecolismiens*, comme le dit M. Michon avec autant d'autorité que de justesse ; c'était dès lors une ville importante du pays des Santones, jouissant du droit de cité et n'emportant avec elle aucun autre nom ni de province ni de peuple, comme on le trouve pour *Vesunna Petrocoriorum*, *Mediolanum Santonum* etc. Elle avait cela de commun avec quelques autres villes de la Gaule, notamment avec Alby, aussi une des quatorze cités de la nouvelle Aquitaine et qui est désignée dans la même Notice sous les noms de *Civitas Albiensium*, la cité des Albigeois. Ainsi, il est bien certain que Angoulême existait avant la carte Théodosienne et, par conséquent, coexistait avec Condate qui y est marqué. Où donc se trouvait Condate? Nous allons formuler les raisons très-plausibles qui nous permettent d'assigner où fut cette localité antique.

Et d'abord remarquons que le mot *Condate*, chez les Romains, était presque une expression générique désignant un lieu resserré, près le confluent de deux rivières; le géographe d'Anville, à ce sujet, s'exprime ainsi : « Cette dénomination est commune à bien des lieux et désigne leur situation dans l'angle de terre formé par l'union de deux rivières. » D'après le même auteur, le mot *Condate*(1) ne dérive point de *Confluens* confluent, mais de *Cuneus* coin. M. Eus. Castaigne connaissait parfaitement ces faits et voulant en faire l'application à Angoulême, qu'il dit être *Condate*, il fait remarquer que notre cité est presque à la jonction de la Charente et de l'Anguienne. Je ne saurais admettre cette manière de voir. Angoulême, placée sur sa haute colline, ne peut être considérée comme resserrée dans l'angle de deux rivières, elle en est assez éloignée et cet angle de terre est constitué par une prairie basse et humide qui n'a jamais été habitée; d'ailleurs l'Anguienne n'est pas une rivière, c'est à peine un ruisselet qui, dans la Vieille-Mer, n'a pas deux mètres de largeur et moins d'un demi

(1) Il existe près de Ruffec un petit bourg appelé Condat ou Condac, et qui se trouve dans les conditions géographiques précédentes, étant placé dans le coin de terre situé entre le petit ruisseau le Lien et la Charente encore fort petite rivière. (Voir la carte, à la fin.)

mètre de profondeur, très-propre à arroser des jardins maraîchers, mais qui n'a jamais eu aucune importance, aucune valeur stratégique, tandis que tout près d'Angoulême, à mille pas au nord de ses remparts, nous trouvons un lieu qui topographiquement présente tous les caractères du *Condate* antique, je veux parler du village du Gond placé dans l'angle formé par la Charente et la Touvre, *Carentonus* et *Tolvera*, rivières très-profondes en cet endroit. Ce lieu est habité de temps immémorial dans son angle d'enfoncement où sont encore des maisons d'habitation et des usines à farines ; avant la Révolution il y avait là une maison ancienne, siége d'un fief nobiliaire appartenant à la famille de Ruffray. Vers l'an 1001, Guillaume II, comte d'Angoulême, donna cette terre au Chapitre de la Cathédrale Saint-Pierre qui en a gardé une grande partie jusqu'à la Révolution. On trouve, en effet, dans les adjudications des biens nationaux, aux archives de la Préfecture, une certaine quantité de biens appartenant alors dans ce lieu au Chapitre d'Angoulême, et qui furent vendus à l'encan par les révolutionnaires.

La charte de donation est dans le cartulaire de l'évêché, n° 55, elle est intitulée *de Algunt*.... et au cours on y lit : *in manso meo proprio quem situs est in pago Engolismensium una millia de ipsa civitate in villa que vocatur Algonno inter fluvium Carentone et Tolvera;* l'indication est précise comme on voit ; cette localité s'appelait, en l'an mil, *Agunt* ou *Aigunt* ou *Algonnum;* en retranchant A ou AL il reste toujours Gunt ou Gon dont on a fait Gond. Mais cette localité est bien plus anciennement connue. Dans une charte de Charles-le-Chauve, de 852, par laquelle ce monarque donnait cette terre du Gond au couvent de Saint-

Eparche d'Angoulême, ce lieu est désigné ainsi : *et Condolon cum Rufiaco* (1) *minore*, le Gond avec le petit Roffit ou Roffic, deux localités voisines, placées sur les deux rives de la Touvre et unies par un très-vieux pont qu'on a restauré et modernisé dans ces dernières années ; or, dans Cond-olon nous trouvons le radical complet de *Cond-ate*, la terminaison ou le suffixe seul a été altéré comme cela est d'habitude, aussi il me semble infiniment plus naturel de faire dériver *Condolon* de *Condate* que Angoulême de *Agesinates.*

Voilà, suivant moi, le *Condate* de la carte de Peutinger et on va voir que le tableau des distances est confirmatif de cette opinion.

Jusqu'ici les géographes ont dit que le *Condate* de la Table théodosienne était Cognac, en cherchant une similitude de nom qui n'existe pas, mais Eusèbe Castaigne a réfuté ce point de géographie en montrant que sur la carte antique, il y a une localité un peu plus loin, désignée sous le nom de *Cunnaco* qu'il pense être Cognac et je suis de son avis ; au reste, Cognac n'est nullement placé entre deux rivières qui se joignent, il est simplement sur les bords de la Charente. M. Marvaud, dans sa géographie du département de la Charente, et M. Michon, dans la statistique monumentale, émettent l'opinion que *Condate*, c'est Merpins qui, en effet, est placé assez près de la jonction du Né et de la Charente, dans le coin formé par la langue de terre inter fluviale ; mais on va voir que les distances ne coïncident aucunement entre elles. Déjà d'Anville, tout en disant que *Condate* c'est *Coignac,*

(1) Par erreur on a imprimé *Ruliaco* au lieu de *Rufiaco* dans les *Notæ fusiores* p. 78 de l'*Historia pontificum*. Edition Eusèbe Castaigne.

détruisait cette leçon en ajoutant, dans son article *Sarrum*, que *les distances ne conviennent point au local*. En effet, dit-il, de *Condate* à *Sarrum*, il y a sur la carte de Peutinger X ou 10 lieues, et de *Sarrum* à *Vesunna* XX ou 20 lieues; or, de Cognac à Périgueux il y a 51,000 toises, ou 102 kilom. (1) en langage moderne, et la distance de 30 lieues gauloises comprises entre *Condate* et *Vesunna* ne donne que 34,000 toises, ou 68 kilom.; on voit que l'écart est énorme ; au contraire, la distance de *Condate* à *Sarrum* étant le tiers de 34,000 toises ou 68,000 mètres à peu près, se trouve être de 22,666 mètres ou plus de 22 kil. 1/2 environ. Or, la distance kilométrique du Gond à Charras, que tout le monde admet être le *Sarrum* antique, est de 25 kil. ou 25,000 mètres, d'après la carte de la grande vicinalité du département de la Charente, et la distance de *Sarrum* à *Vesunna* ne dépasse guère les 46 kilom. qui existent entre Charras et Périgueux ; il est vrai que la route nationale donne 81 kilom. d'Angoulême à Périgueux, mais la route par Charras, Combiers, Mareuil, qui est la route ancienne, est beaucoup plus courte et s'accorde presque rigoureusement avec les distances de la table antique. Ainsi *Condate* ne peut être ni Cognac ni Merpins, les distances sont complètement en désaccord; elle ne peut non plus être Angoulême qui déjà existait du temps de Théodose II sous les noms de *Inculisna*, *Ecolisma; Condate* ne peut donc être que le Condolon du moyen âge, le Gond actuel si bien situé dans le coin de terre qui existe entre le fleuve Charente et la rivière Touvre et

(1) Il y a erreur dans cette appréciation de d'Anville, ce ne sont pas 102 kilom. qui existent entre Cognac et Périgueux, mais bien au moins 125.

si bien placé à la distance de *Sarrum* et de *Vesunna* indiquée par la carte antique.

On me demandera peut-être comme dernière objection : si *Condate* et *Inculisna* ne sont pas les mêmes, comment a-t-on marqué l'une sur la carte de Peutinger et a-t-on oublié l'autre qui était si proche ? A cette question il y a, je crois, de bonnes réponses à faire. Et d'abord la carte de Peutinger ou Théodosienne est fort imparfaite de forme, de noms et de nombre de villes ; Angoulême n'est pas la seule qui ait été oubliée, puisque d'Anville nous apprend que *Mediolanum Santonum* ou Saintes, la capitale des Santones, d'un vaste pays, n'y figure pas, ce qu'il regrette beaucoup, justement pour déterminer la position de *Condate*, car, dit-il, si on avait la distance de *Condate* à *Mediolanum* et à *Vesunna*, entre lesquelles elle était placée, sa position serait bien vîte fixée ; or, si on a omis Saintes, on comprend bien qu'on a pû *a fortiori* omettre Angoulême qui avait beaucoup moins d'importance. Il faut remarquer aussi qu'on a marqué sur la carte antique surtout les villes avoisinant les grandes voies romaines, or, *Inculisna, Ecolisma* était *devio loco*, suivant l'expression du poète Ausonius ; elle était dans un lieu écarté, dépourvu de chemins, quant à *Condate* il n'a pas été omis parce qu'il avait une importance stratégique considérable : Condate, camp romain placé dans l'angle formé par la Charente et la Touvre, entouré du côté de la campagne par un retranchement solide et formidable comme savaient si bien les construire les maîtres du monde, était une place inexpugnable pour les Gaulois, et comme cette carte avait été tracée probablement dans l'intérêt des armées qui traversaient la Gaule, les auteurs de ce travail ont préféré établir *Condate*, place forte, qu'Angoulême, place moins forte dont les murailles de clôture mal entretenues tombaient d'elles-mêmes au bruit des trompettes de l'ennemi, comme cela arriva plus tard sous Clovis (1).

II.

Elie Vinet, comme on l'a vu, examine ensuite la question des *Agesinates*. Il ressort du passage de notre auteur que ce n'est pas seulement de nos jours que l'on a émis cette opinion que les Angoumoisins étaient les anciens *Agesinates* de Pline le naturaliste; il paraît, au contraire, que c'était une tradition antique du pays, ainsi que l'on peut s'en convaincre en lisant Elie Vinet et Corlieu, et cette tradition qui existait il y a trois cents ans me paraît une preuve historique qui n'est pas à dédaigner ; alors l'esprit public n'avait pas été corrompu par une presse dévergondée, par une librairie ignare et mercantile ; les faits en petit nombre se transmettaient de père en fils sans altération et formaient toute la science historique des provinces éloignées de Paris et des grands centres. Pour que la tradition des Agésinates ait ainsi existé dans

(1) On doit même croire qu'à cette époque antique, Angoulême n'avait pas de murailles de guerre, celles-ci n'ayant été construites autour des villes qu'à partir des invasions des barbares. Toutes les villes gallo-romaines étaient sans murailles fortes. Les Romains dominaient le pays par des camps fortifiés permanents. La politique leur avait conseillé ces mesures toutes de sécurité et de méfiance.

ces temps reculés, avec persévérance, c'est qu'elle devait avoir un fondement certain ; ils (les Agésinates) devaient être dans le pays, mais étaient-ils à Angoulême, et doit-on croire que le nom d'Angoulême vient d'Agésinates ? Voilà ce que nie Elie Vinet et moi avec lui. Plus loin je dirai où étaient les Agésinates, quelle fut leur cité capitale ; mais en attendant je dirai avec Elie Vinet : « *Il i aurait danger de jurer...... que les Engoumoizins fussent les Agesinates, lesquels Pline au quatriesme liure de l'histoire naturele, nomme entre les peuples de Guiene. Et, qui n'aurait autre raizon pour prouver cela que la seule semblance des noms ; tel argument ne serait guère fort.* » Cependant, de nos jours un homme d'un grand savoir qui avait longuement mûri ses réflexions sur l'histoire de notre province, M. Eusèbe Castaigne, a entrepris de ressusciter la tradition antique des *Agesinates* et a placé leur capitale à Angoulême, et l'un de ses principaux arguments est que le mot Angoulême dérive de Agésinates. J'avoue que je n'ai jamais été convaincu par cette prétention, malgré la profonde estime que j'avais pour l'auteur, et que j'ai toujours cru que le nom d'Angoulême venait d'*Inculisma* ou d'*Ecolisma*, sauf quelques variétés d'orthographe que l'on trouve à diverses époques et que je donnerai plus loin. Pour arriver à ce qu'il croit être une démonstration, M. Eus. Castaigne fait choix de quelques vieux noms exceptionels d'Angoulême qu'il range non par ordre chronologique, mais à la couleur de son idée et qui me semblent malgré cela plutôt prouver contre que pour sa thèse ; ainsi il prétend que notre ville au IXe et Xe siècle a été appelée *Aquelisima*, *Aquilisina*, *Aquelinensium*; mais on se demande quelle similitude est entre ces mots et celui d'*Agesinates* qui existait mille ans auparavant. Ces noms, ajoute M. Eus. Castaigne, diffèrent bien peu de l'*Agesina* d'Adrien de Valois ; cet argument est de nulle valeur, attendu que l'Agésina d'Adrien de Valois est une pure supposition, une invention, d'après l'aveu même de l'auteur. Ni lui ni personne n'a jamais vu Angoulême nommé Agésina, ni d'aucun nom approchant, ce n'est qu'une déduction forcée. Aussi M. Eus. Castaigne, à bout d'arguments, finit son article par une pétition de principes et s'exprime ainsi : « Serait-ce donc une témérité de penser que Pline ou ses anciens copistes *aient écrit indifféremment, Aquelinenses, Agelinates* ou *Agesinates.* »

Oui, cette supposition est une témérité, car c'est la substitution de l'arbitraire à la vérité. Il est évident que si vous supposez que l'on ait écrit indifféremment *Aquelinenses*, *Aquelinates* et *Agesinates*, votre but est atteint ; mais c'était ce qu'il fallait démontrer et vous n'avez fait aucune preuve : les mots inventés Aquelinates, Agélinates ne sont là que pour servir d'intermédiaire, de transition entre Aquilisma, nom très-rare, très-exceptionnel, et Agésinates, mais ils n'ont aucun fondement puisqu'on ne les voit nulle part. Aussi, peu satisfait que j'étais de cette nomenclature supposée et choisie pour une démonstration préconçue, j'ai repris l'expérience indiquée par M. Eusèbe Castaigne, en recherchant sans esprit de système quelle a été l'orthographe latine du nom d'Angoulême depuis les temps les plus anciens jusqu'au XIIe siècle, époque à laquelle ce nom ne varie plus, et je déclare avoir emprunté à M. E. Castaigne lui-même plusieurs de ses citations consignées dans son mémoire sur les Agésinates et ailleurs, mais j'ai recueilli le plus grand nombre de ces noms dans un document précieux, inédit : le Cartulaire de l'évêché d'Angoulême, document manuscrit bien antérieur à l'imprimerie, car les chartes les plus récentes sont du XIIe siècle et n'ont pu être altérées par les impressions et réimpressions, manuscrit latin que j'ai lu tout entier et où j'ai relevé le mot Angoulême plus de 125 fois. Voyons donc comment s'est écrit le nom d'Angoulême depuis les temps les plus anciens.

Inculisna ou *Icolisna*. Ausonius, le poète, an 350.

Ecolisma (395) dans la Notice des provinces des Gaules sous Honorius.

Ecolisna dans une épitre de Paulin sur Dynamius, évêque d'Angoulême, vers 400 (citée par Grégoire, de Tours).

Ecolisma ou *Ecolisina* dans Grégoire de Tours (*Historia Francorum*) récit de la prise d'Angoulême par Clovis an 507.

Ecolisnensem dans Grégoire de Tours (*Hist. Franc.*), récit du combat de Boixe livré par Sigebert contre Théodebert, fils de Chilpéric, an 575. Ce qui, pour le substantif, fait *Ecolisna*.

Lupicin, évêque d'Angoulême, assiste au concile d'Orléans et signe : *Lupicinus episcopus ecclesiæ Ecolinensis subscripsi*, en 511, d'après Eus. Castaigne. Voir *notæ fusiores* dans *Historia pontificum et comitum*. Ce qui, pour le substantif, fait *Ecolina* ou plutôt *Ecolisma*, car il y a là une abréviation.

Le même Lupicinus ou Lupicin siége en 533 au deuxième concile d'Orléans et signe *Episcopus ecolismensis*, ce qui, pour le substantif, fait *Ecolisma*.

Egerius, prêtre d'Angoulême, représente Lupicin au quatrième concile d'Orléans en 541 et signe *Egerius presbiter. . . . . civitatis Ecolesimæ* et au nominatif *Ecolesima*.

Aptone II, évêque d'Angoulême, présent au cinquième concile d'Orléans, signe : *Aptonius episcopus ecclesiæ Ecolismensis*, en 541, ce qui, pour le substantif, fait *Ecolisma*.

Nicaise, évêque d'Angoulême, assiste au deuxième concile de Mâcon, en 585 et signe : *Nicasius episcopus ecclesiæ aquilimensium*, ce qui, pour le substantif, fait *Aquilima*.

Dans la charte de fondation du monastère de Saint-Cibard ou plutôt de St Eparche, en l'an dernier du règne du roi Childebert (558) on lit *Equolisnensis* ce qui, pour le substantif, fait *Equolisna* (copie manuscrite dans cartulaire de l'évêché d'Angoulême, nº 129).

Charte du même cartulaire nº 4 dont voici la date : *Datum in mense decembri anno XXIIII regnante Clotharius Rex. Signum. Wallerio humillimus et indignus literator scripsit.*

Cette charte est excessivement ancienne et il est difficile de dire au règne de quel roi elle appartient. Nous avons trois rois Clothaire, le 3e doit être évincé puisqu'il ne règne que 10 ans (660-670), et que cette charte est rédigée la 24e année du règne. Les deux autres sont Clothaire Ier, qui règne 50 ans (511-561), Clothaire II qui règne de 584 à 628 ou 46 ans, en supposant cette charte rédigée sous Clothaire II, elle est de l'an 608 et si on la suppose de Clothaire Ier, elle est de 535. Cette charte porte *Aequalisina civitate*, on n'y trouve aucun nom d'évêque qui puisse contribuer à en fixer la date précise.

Ansebradus, prêtre, remplace l'évêque Lambert au concile de Narbonne en 788 et signe : *Ansebradus diaconus ad vicem Landeberti Eclinensium episcopi subscripsi.*

M. Castaigne fait remarquer avec raison que le mot *eclinensium* est une abréviation de *ecolinensium* ou *ecolisinensium*, ce qui fait pour le substantif *Ecolina* ou *Ecolisina*.

Sous Charles-le-Chauve, en 853, Launus, évêque, signe une charte de donation au monastère de Saint-Eparche, transcrite dans le Cartulaire de notre évêché sous le nº 140. On y lit successivement *Aequalisine*, *Equalisnense*.

Charles-le-Chauve, en 845, dans le traité de Saint-Benoît-sur-Loire qui cède l'Aquitaine à Pépin II, excepte quelques provinces de cette donation et écrit : *præter Pictavos, Santonas et* ECOLIMENSES, ce qui, pour le substantif, fait *Ecolima* (citation faite par M. Eusèbe Castaigne, dans l'*Historia pontificum*, etc., p. 80).

Le Chronicon engolismense, ou *Chronicon breve*, ou petite chronique d'Angoulême, le plus ancien document d'histoire locale que nous possédions, écrit en l'an 868, le mot Angoulême *Æquilisina* et le manuscrit de la reine de Suède écrit le même mot dans le même passage *Æqualisma*.

Le Cartulaire de l'évêché, le plus ancien, le plus précieux manuscrit de notre pays, que nous avons cité déjà plusieurs fois, porte *aequalisinorum*, en 865, charte nº 2, ce qui fait *Aequalisina* pour le substantif, *Anno XXV regnante Karolo filio Ludovico regi*, Charles-le-Chauve. Ce manuscrit écrit toujours AE et non Æ comme les pièces imprimées.

Le Cartulaire de l'évêché dans la charte nº 43 intitulée : *In vicaria s[ti] Genesii. In villa que dicitur Nigrondo*. C'est la donation à l'église de Saint-Pierre d'Angoulême, du village de Nigronde dans la viguerie de Saint-Genis d'Hiersac. Cette charte écrit *engolesnensium*, elle est datée, *anno XVIII, regnante Karolo filio Ludovico rege*, la 18e année du règne de Charles-le-Chauve, fils de Louis-le-Débonnaire, est l'an 855. L'adjectif *engolesnensium* donne pour le substantif *Engolesna*.

Enfin, pour en finir avec le IXe siècle, nous trouvons, même cartulaire, une charte nº 41, sous l'épiscopat *d'Oliba, vir eximius Oliba rector*, intitulée : *De terra sancti Petri que est ultra pontem in domero fonte*. Elle est datée *anno incarnationis dominice* VCCCLXXVIIIJ (879). Elle porte : *equalisinorum*, et plus bas *engolesnensium;* ainsi la même charte porte deux qualificatifs différents qui ont la même signification et qui dérivent de deux substantifs différents, *Equalisina*, *Engolesina*. Nous verrons plusieurs fois se reproduire d'autres dénominations ou qualifications différentes dans la même charte.

Charte nº 28, intitulée : *In baciaco et in sertis;* elle est datée : *mense junii anno XXV regnante Karolo post obitum Odone rege. Adalbertus rogitus scripsit.* Il s'agit ici de Karl ou Charles-le-Simple; la 25e année de son règne après le décès d'Eudes ou Odon, correspond à l'an 923. Dans cette charte qui contient des donations de biens du lieu de Bassac, diocèse de Saintes, faites au Chapitre d'Angoulême, et du lieu de Sers, diocèse d'Angoulême, au monastère de Saint-Eparche, on trouve dans la 1re partie *equanisinorum* et dans la seconde *engolismensium*, ce qui donne pour les noms correspondants *Equanisina Engolisma* (1).

Charte nº 30, sous l'épiscopat de Foulques ou Foucaud (*Fulcaldus*) en 943, on trouve *Egolisina* et

(1) Ce nom deviendra en dernier lieu le nom définitif de notre ville.

engolismensium dont le nom correspondant est *Engolisma.*

Charte n° 44, intitulée : *In villa que dicitur Vaisnac,* sous l'épiscopat d'Ebulo ou Ebulus, *venerabilis vir dominus Ebulo divino nutu episcopus rector ecclesie.* C'est l'acte de donation du domaine de Vesnac à la mère église d'Angoulême ; la date est : *anno XVIIIJ regnante Ludovico rege. Radulfus rogitus scripsit.* Il s'agit ici de Louis d'Outremer qui régna de 936 à 954 en même temps qu'Ebulo siégeait de 951 à 964 ; notre charte a donc été rédigée en 954. Le nom d'Angoulême est écrit *Equanisine civitate* et plus bas, dans la même charte, on trouve *Engolisnensi*, ce qui fait pour le nom correspondant *Engolisna.*

Charte n° 57, intitulée : *In villa de Cavaniaco de manso in quo ecclesia* etc., datée de l'épiscopat de Hugues Ier ; *anno XVIIIJ regnante Leotario rege.* Il s'agit ici de Lothaire, fils de Louis d'Outremer qui régna de 954 à 986 ; la 19e année de son règne est 973 et la première année de l'épiscopat de Hugues Ier. On y trouve écrit *Equalinense* ce qui, pour le substantif, fait *Equalina.*

Le Chronicon Engolismense ou *Chronicon breve,* à la date de 981, écrit *mater ecclesia* ENGOLISMA.

Charte n° 81, sous l'épiscopat de Grimoard, 991 à 1018, où il est fait don du domaine d'Antournac *Altare Equalisinorum matris ecclesie*, ce qui fait *Equalisina.*

Charte n° 3, Ebulus étant évêque, le comte d'Angoulême fait plusieurs dons *sancto Petro principe apostolorum cui tradite sunt claves janua celestis* (951-964) ; dans cette charte on écrit : *in Equalisina civitate.*

Charte n° 59, ayant pour titre : *de Ecclesia de*

Fiscobrona et ensuite *in vicaria Vosninse, anno II regnante Leotario rege. Constantinus presbiter rogitus scripsit.* La deuxième année du règne de Lothaire correspond à 956. On trouve écrit *sedis ecclesie Engolisme.*

Nous passons maintenant de l'an mil à l'an onze cent, toujours en consultant le Cartulaire de l'évêché.

Charte n° 37, intitulée : *De molindinis qui sunt siti in Boesma*, sous l'épiscopat de Rohon, *Roho pontifex*. C'est le don de deux moulins situés sur le ruisseau la Boësme qui s'étend à peu près de Mouthiers à la Charente dans Nersac : *hoc sunt molindini duo qui sunt in rivulo que vocatur Boesma et longas plancas*. On y lit *beatissimo Petro* ENGOLISME, 1019-1033 (1).

Charte n° 29, intitulée : *Donatio quam fecit Arnaldus Bompar ad cruxifixum..... quod est in basilica s^ti^ Petri*. Donation faite par Arnaud Bompar au crucifix de la basilique de St-Pierre d'un alleu situé dans la viguerie de Vouzan au lieu de Sers, *in vicaria vosnensium in loco que vocatur Sertis*. On trouve dans cette charte EQUALISINA *civitate* et plus bas *in pago* ENGOLISMENSIUM, et pour la date : *anno millesimo XX ab incarnatione Domini regnante Rotberto rege. Rannulfus humillimus et indignus litterator* (sous entendu *scripsit*). C'est en l'an 1020, sous le règne du roi Robert le Capétien.

Charte n° 55, intitulée *de Algunt;* c'est la donation faite par Guillaume, comte d'Angoulême, et son fils Alduin ou Hilduin, du domaine du Gond, situé à mille pas de la ville, à la basilique de St-Pierre d'Angoulême. *Manso meo proprio quem situs est in pago Engolismensium una milia de ipsa civitate in villa que vocatur Algonno inter fluvium Carantone et*

(1) Voir à la fin, note n° VII.

Tolvera. On trouve successivement écrit dans cette même charte : *Comes* ENGOLISME, *basilica* *s*[ti] *Petri* EQUALISINORUM *et in pago Engolismensium,* nous avons donc simultanément *Engolisma* et *Equalisina.* Guillaume II et Alduin II son fils ont gouverné l'Angoumois de 1001 à 1028.

Charte n° 6, Geoffroy ou Geoffré étant comte et Gérard Ier évêque de 1038 à 1043, elle est intitulée : *De monasterio sancte Marie Belliloci.* C'est le don fait par le comte à St-Pierre prince des apôtres d'un certain monastère fondé dans l'intérieur de la ville *quoddam monasterium intra menia civitatis fundatum.* On trouve deux fois l'adjectif *engolismensium,* ce qui pour le nom donne ENGOLISMA.

Charte n° 15, intitulée : *de hospitali;* c'est la charte de fondation d'un hôpital à Angoulême pendant l'épiscopat de Guillaume Ier fils de Geoffroy, comte d'Angoulême, sous le règne de Philippe Ier : *anno secundo regni Philippi regis,* MLXIII (1063). On lit *engolismensium* et pour le nom *Engolisma* (1).

Charte n° 18, Guillaume Taillefer étant comte, Adhémar évêque, *engolismensis ecclesie pontifex humillimus,* Philippe roi des Français *Philippo francorum rege anno dominice incarnationis* MXCVI (1096). On trouve quatre fois répété le mot *engolismensis* et le mot *Engolisme,* ce qui fait toujours *Engolisma.*

Enfin, comme dernière charte citée du Cartulaire de l'évêché d'Angoulême, je dois en mentionner une de 1148 sous l'épiscopat de Hugue II ; elle porte le n° 185 et est intitulée : *De Manso qui est in parrochia de Mornac.* On y trouve deux fois le mot *engolismen-*

(1) Voir à la fin cette charte originale, curieuse, qui n'est autre que la charte de fondation de l'Aumônerie de St-Pierre. Note n° IV.

sis, ce qui pour le nom fait *Engolisma*. Je n'en rapporterai plus d'autre exemple, attendu qu'à partir de cette époque on trouve toujours écrit le même nom, à de rares exceptions près. Nous publions *in extenso* cette charte nº 185 ; elle est très-curieuse, très-intéressante : c'est un jugement rendu par l'évêque contre les gens du comte d'Angoulême pour excès de pouvoir. (Voir à la fin, note nº VII.)

Résumons maintenant rapidement tous les noms contenus dans ces notes et voyons auquel des noms supposés ils doivent être comparés ; d'abord plaçons ces noms en tête du résumé, afin de faire un rapprochement plus facile.

INCULISMA. — AGESINATES.

Année		Année	
550	Inculisna ou Icolisna.	879(c)	Aequalisna. Equalisina.
593	Ecolisma.	925(c)	Equanisina. Engolisma.
400	Ecolisna.	945(c)	Egolisina. Engolisma.
507	Ecolisma. Ecolisina.	954(c)	Equanisina. Engolisna.
511	Ecolina.	956 (c)	Engolisma.
533	Ecolisma.	964 (c)	Equalisina.
535(c) (1)	Aequalisima.	975 (c)	Equalina.
541	Ecolesma.	981	Engolisma.
541	Ecolisma.	991 (c)	Equalisina.
558 (c)	Equolisma.	1019 (c)	Engolisma.
575	Ecolisma.	1020(c)	Equalisina. Engolisma.
585	Aquilima.	1028(c)	Engolisma. Equalisina.
788	Ecolina.	1038 (c)	Engolisma.
845 (c)	Ecolima.	1063 (c)	Engolisma.
853 (c)	Equalisina.	1096 (c)	Engolisma.
858 (c)	Engolesna.	1148	Engolisma.
863 (c)	Aequalisina.		Engoulesme.
868	Æquilisina. Æqualisma.		Angoulême.
868(c)	Egolesina. Equalisinia.		
879(c)	Equalisina. Engolesina.		

(1) *Cartulaire de l'évêché.* Tous les C à la suite des dates signifient également le même cartulaire.

Lorsqu'on jette un coup d'œil sur les noms de ce tableau et qu'on les compare au mot-type d'où est censé provenir le mot Angoulême, il est impossible de ne pas reconnaître que tous ces noms ont une origine commune, à quelques modifications près, et dérivent de *Inculisna* et non d'*Agesinates*. Voyons au reste quelles modifications a éprouvé ce mot depuis les temps antiques.

Elie Vinet nous apprend que dans les livres les plus anciens qu'il a consultés, sur les œuvres d'Ausone le poète, il a trouvé Angoulême écrit *Inculisna*, *Icolisna*, *Icolisina*, mais l'I comme lettre initiale ne persiste pas dans ce mot et nous trouvons d'après d'Anville dans la Notice des provinces des Gaules, qui est à peu près de la même époque qu'Ausone (395 de notre ère environ), *civitas Ecolismensium*, et à partir de cet instant l'E persévère comme lettre initiale jusqu'à nos jours où l'on dit toujours en latin *Engolisma*. Quelquefois on trouve *Æqualisma*, *Aequalisina*, mais rarement l'A pur. Cependant en 585 nous trouvons *Aquilisma* (1). Il y a donc déjà une grande différence entre tous ces mots et celui d'*Agesinates*; poursuivons. La lettre C se trouve constamment dans notre tableau jusqu'au IXe siècle et alors elle se transforme en Q, ces deux lettres se prononçant de la même façon comme dans *Ecolisma*, *Equolisma*; or, ces lettres C et Q ne se trouvent jamais dans *Agesinates*. Quant à la lettre G qui se trouve dans les deux mots *Engolisma*, *Agesinates*, elle n'apparaît jamais dans l'antiquité; puis elle vient d'une façon passagère, intermittente au IXe et Xe siècle et elle ne devient définitive qu'au commencement du XIe siècle. Ainsi les

(1) Nous avons une charte du cartulaire précité, n° 207 dont je n'ai pu découvrir la date, qui écrit, *Egulisme* ou *Egulisma*.

lettres A et G, qui dans le mot Angoulême, donnent une certaine ressemblance avec le mot Agésinates, sont des lettres modernes ; elles n'existent pas chez les anciens. Eh bien, on peut en conclure, d'ores et déjà, qu'il est impossible de faire dériver le mot Angoulême, *Engolisma*, d'Agésinates ; car si ces deux mots dérivaient l'un de l'autre, c'est surtout en se rapprochant de l'antiquité, c'est vers l'époque la plus rapprochée de Pline le Naturaliste que la ressemblance devrait être la plus grande ; or, c'est tout le contraire qui a lieu, plus on se rapproche de Pline, moins les noms se ressemblent. *Inculisna*, *Ecolisma*, les mots les plus anciens que l'on connaisse, n'ont aucune similitude avec *Agesinates*, et ce dernier n'en a pas plus avec les noms postérieurs comme *Ecolisina*, *Aequalisina, Aquilina*, etc., et, encore une fois, le G n'est entré dans la composition régulière et définitive du mot Angoulême qu'au XIe siècle en prenant la place du C ou du Q conformément à l'habitude des noms latins qui, bien souvent, en se francisant, ont changé le C en G. *Ecolisma* a fait *Egolisma*, Engoulesme; *Petrocoriorum* est devenu Pierregort, Périgord; *Lemovicum* est devenu Limoges, et dans le latin moderne, *Secundiacum*, Segonzac ; *Condate*, *Condolon*, Gond, etc., etc., toujours en changeant le C en G ; quant à l'A initial, il n'a existé que très-exceptionnellement chez nous, c'est l'E qui a commencé le mot à peu près constamment, même en français, puisque au XVIe siècle nous voyons Elie Vinet, Corlieu, Gabriel de La Charlonie écrire Engolesme, Engoulesme, et ce mot est écrit de la même façon dans la cosmographie de Belleforest qui a retracé en 1575 *le vray plan ou pourtraict de la ville d'Engoulesme*.

Ceci n'a pas empêché M. Eus. Castaigne d'écrire

dans son mémoire sur les Agésinates : « *Angoulême*, d'abord *Condate Agesinatum*, puis *Agesinates* ou *Agesina* et par ordre chronologique descendant *Aquilesina*, *Æcolisina*, *Egolissima*, *Engolisma* mais jamais *Iculisna*. » Nous pouvons dire que tout ce passage est de pure fantaisie, contraire à l'ordre chronologique et groupé comme à plaisir en faveur d'une thèse préconçue ; jamais la cité des Angoumoisins ou des Ecolismiens ne s'est appelée ni *Condate Agesinatum*, ni *Agesina*, ni *Agelinates* et les changements successifs du nom ont suivi une toute autre marche chronologique que celle indiquée par M. E. Castaigne, ainsi que je l'ai démontré; je défie que l'on montre nulle part, ni dans les vieux manuscrits, ni sur les vieilles monnaies, ni sur les vieilles pierres romaines retrouvées dans le mur d'Alduin lors de la démolition de notre château, rien qui y ressemble ; quant aux mots *Iculisna*, *Ecolisma*, non-seulement ils existent réellement et dans un des poètes latins les plus remarquables de la latinité inférieure Ausonius, et dans la Notice des provinces des Gaules, deux livres de l'antiquité; mais ils ont été adoptés après discussions savantes, éclairées par les hommes les plus compétents de notre province, comme Élie Vinet, Corlieu, Gabriel de La Charlonie et plus tard par d'Anville, qui a inscrit *Iculisna* sur sa carte de l'ancienne Gaule, et enfin de nos jours par M. Michon, aux observations pleines de science et de justesse duquel je crois devoir ici rendre hommage ; et l'on suit, dans le tableau que j'ai donné, pour ainsi dire pas à pas, les modifications qu'a subies ce mot depuis l'antiquité, tandis que ce n'est qu'en se livrant à des hypothèses contraires à l'observation et à la logique que l'on fait dériver d'Agésinates celui d'Angoulême. Aussi, je prendrai juste le contrepied de la proposition de M. E. Castaigne, et me conformant aux exemples nombreux et à la chronologie que j'ai produits, je dirai : Angoulême, d'abord *Inculisma* ou *Ecolisma* à peu près contemporains, puis en descendant *Ecolisina*, *Equolisma*, *Aquilima* (rare) (1), *Egolesina*, *Engolesna*, *Engolisma*, mais jamais *Condate Agesinatum* ni *Aquesinates* ni *Agelinates*, c'est-à-dire les mots fabriqués pour faire croire à une transition qui n'a jamais existé, la seule orthographe latine du mot Angoulême étant celle que j'ai produite avec bonne foi et sans idée systématique préconçue. Nous maintenons donc fermement les mots *Inculisna*, *Ecolisma* (2) comme types nominatifs originaux de notre cité et avec une persévérance d'autant plus grande que nous nous croyons en mesure d'indiquer ailleurs où furent les *Agesinates* et leur principale cité. Cependant ce n'est pas sans quelque hésitation que nous avons entrepris cette réfutation, M. E. Castaigne a été notre ami, nous avons toujours eu pour sa science la plus profonde estime et sur sa tombe nous avons prononcé son éloge funèbre et rendu hommage à ses rares qualités ; nous n'avons donc porté qu'une main hésitante sur ce travail des Agésinates qu'il considérait comme l'œuvre capitale de sa vie ; mais la science, a-t-on dit, n'a pas de famille, pas d'amis, pas de protecteurs, elle n'a qu'une mère : la vérité, qu'elle doit respecter et servir en toute occasion ; aussi je

(1) Sur les 125 noms latins d'Angoulême que j'ai relevés dans le Cartulaire, pas un seul ne commence par l'A pur.

(2) M. Michon dit en parlant d'Angoulême : *Ecolisma* est probablement son nom le plus ancien, p. 54 de la *Statistique monumentale*, et il nomme *Ecolimiens* les peuples de notre contrée.

répèteraï comme les scolastiques du moyen âge : *Amicus Plato, amicus Aristoteles sed magis amica veritas.*

III

Je vais maintenant essayer de déterminer le lieu où furent les Agésinates et leur cité, mais avant d'en arriver à ce dernier degré de la démonstration, je dois réfuter quelques erreurs qu'on a essayé d'introduire dans la science. Ainsi que je l'ai déjà dit, de temps immémorial, la tradition du pays comme nous l'apprennent Elie Vinet, Corlieu, Adrien de Vallois et plus tard le géographe Sanson, était que les Angoumoisins, c'étaient les Agésinates de Pline et personne n'avait ni contredit ni combattu cette opinion, lorsque vers 1760, d'Anville, autre géographe, membre de l'Académie royale des inscriptions et belles-lettres, émit une autre opinion : il supposa que les Agésinates avaient dû être placés à Aizenai, près de Luçon en Poitou, et la seule, l'unique raison qu'il donne de cette opinion, c'est la ressemblance qui existe, d'après lui, entre les mots Aizenai ou en latin moderne *Azianensis* et le mot Agésinates. J'avoue que je ne suis pas plus convaincu que *Azianensis* vienne d'Agésinates que je ne le suis qu'Angoulême vienne du même mot; cependant le géographe d'Anville en paraît bien convaincu puisqu'il écrit p. 40, dans sa Notice de l'ancienne Gaule : « Je suis redevable au R. P. prieur D. Rouaud, de savoir que dans quelques donations particulières, il est mention du prieuré d'*Azenais*, et dans cette dénomination on ne saurait méconnaître celle des Agésinates, *presque pure.* »..... Puis il ajoute : « l'emplacement que Sanson et plusieurs autres ont donné aux Agésinates *dans le diocèse d'Angoulême*, n'est appuyé par aucun indice qui serve de fondement à cette opinion. » Voilà le seul argument qui appuie l'opinion de d'Anville et c'est une preuve de plus de la facilité avec laquelle on se crée des convictions lorsqu'au lieu de chercher impartialement la vérité, on part d'une idée préconçue que l'on veut soutenir. Au reste, ce n'est pas la seule fois que d'Anville va chercher des étymologies faibles et presque ridicules; dans l'article qu'il consacre à *Sarrum*, dans l'ouvrage précité (1), il prétend que le *Sarrum* de la carte de Peutinger doit être placé à Charmant, parce que, dit-il, « le nom de *Charmans* a beaucoup d'analogie à la dénomination de *Sarrum.* » Ainsi, pour d'Anville, Aizenai vient d'*Agesinates*, Charmant vient de *Sarrum*, *Condate* vient de *Cuneus*. Avec de telles hypothèses il faut peu de science pour écrire l'histoire ancienne, et cela me rappelle une anecdote du siècle dernier : Un faux savant prétendait devant Voltaire que les mots Cyrus et Jésus étaient les mêmes et désignaient le même personnage; vous avez raison, lui dit Voltaire, avec son rire sardonique, en changeant *Cy* en *Jé* et *rus* en *sus* on fait Jésus, ce n'est pas plus difficile que ça. Les démonstrations de d'Anville sont de cette force, je ne les accepte donc nullement; de plus il y a une autre impossibilité à cette opinion : Pline le Naturaliste qui nous a transmis la notion étroite de l'existence de la peuplade des Agésinates,

(1) *Notice de l'ancienne Gaule*, 1760, qu'il ne faut pas confondre avec la Notice des provinces de la Gaule, publiée par le père J. Sirmond, vers 1600.

n'a ajouté qu'un mot en les nommant, mot dont nous ne devons jamais nous écarter puisque c'est notre seul renseignement. Il dit : *Agesinates Pictonibus* JUNCTI, ce qui veut dire : les Agésinates joints, tangents aux Poitevins, ou *marchisant au Poitou*,suivant l'expression exacte,énergique de notre annaliste Corlieu ; or, si nous examinons la carte de la Gaule donnée par d'Anville lui-même, dans l'ouvrage que nous avons souvent cité, nous voyons que le territoire des Agésinates, comme aujourd'hui celui de Luçon, n'est pas tangent, marchisant au Poitou, mais est enveloppé par le Poitou, faisant partie du Poitou lui-même, de telle sorte que s'il en eût été ainsi, Pline n'eut pas dit *Agesinates Pictonibus juncti*, mais bien : *Agesinates inter Pictones*.

Il y a un autre fait démonstratif qui repousse l'hypothèse de d'Anville. Pline, en parlant des Agésinates, associe toujours leur nom à celui des *Cambolectri*, et dans toutes les bonnes éditions de son livre, on a supprimé la virgule, de sorte que les *Cambolectri Agesinates* semblent ne former qu'un seul peuple (1). Or, M. Eus. Castaigne a placé les *Cambolectri* dans l'Angoumois, au lieu de Combiers (canton de Villebois-Lavalette) ; il a donné à l'appui de cette leçon le rapprochement des noms *Cambolectri*, Combiers et de plus une monnaie gallo-romaine, dont il a reproduit le dessin où l'on voit écrit : CAMBOTRE qui paraît être un abrégé de *Cambolectre;* cette monnaie d'argent a été trouvée au lieu même de Combiers. Nous avons donc dans notre Angoumois les *Cambolectri*, et par suite les *Agesinates Pictonibus juncti*,

(1) Voir *C. Plinii Secundi hist. mundi lib. IV.*

c'est-à-dire tout ce qui répond à la légende de Pline. Il n'y a rien de pareil à Aizenai.

Ainsi, ni l'analogie des noms, ni l'emplacement des peuples ne prouve, comme l'a dit d'Anville, que les Agésinates aient été à Aizenai, et nous repoussons cette erreur historique bien qu'elle soit généralement adoptée, même dans l'enseignement géographique de l'Université (1). Voyons donc où nous placerons cette peuplade.

Remarquons d'abord que si la tradition indiquait l'Angoumois comme lieu où avaient été les Agésinates, elle ne disait pas précisément qu'ils fussent à Angoulême, mais bien dans le diocèse d'Angoulême. Nous allons donc les chercher ailleurs que dans notre cité ; or, depuis quelques années, un fait considérable s'est produit dans notre pays au point de vue de l'archéologie, c'est la découverte du théâtre romain situé au lieu dit le Bois des Bouchauds (en latin *Boscaliæ*). Entre Saint-Cybardeaux et Genac existe une colline élevée, couverte d'une forêt; sur le sommet de cette colline est placée une ruine connue dans la localité sous le nom de *Château des fades* ou des fées. Si on interroge les habitants du lieu sur le nom de l'endroit où avait existé ces ruines considérables, ils répondent qu'il y avait là une ville nommée *Olype*. Cette réponse n'a aucune importance, car dans l'Angoumois c'est un nom adopté par les gens de la campagne pour désigner les vieilles ruines, c'est ainsi que le même nom d'*Olype* a été donné aux quelques traces d'habitations gallo-romaines qu'on trouve quelquefois vers le lieu de Bassau, sur les

(1) Les cartes de Géographie ancienne des Lycées portent toutes l'erreur de d'Anville.

bords de la Charente, près d'Angoulême, ce qui a porté M. Michon, dans la *Statistique monumentale*, à écrire qu'il y avait eu là une ville nommée *Olypia;* mais je le répète, cela n'est pas sérieux. Cette ruine du Bois des Bouchauds, toute composée de maçonnerie évidemment romaine, n'avait jamais attiré l'attention des gens instruits, lorsqu'il y a quelques années, le nouveau propriétaire de ces bois ayant fait quelques fouilles près des vieilles murailles du *Château des fades*, découvrit à fleur de terre de vastes substructions qui, mises au jour, examinées par des hommes plus compétents, furent reconnues être les restes d'un vaste théâtre romain. M. Callandreau a publié sur ce sujet un rapport qui a été inséré au t. VII. an. 1870, p. 302 du *Bulletin de la Société archéologique et historique de la Charente* (1).

Ainsi il y avait donc là, au lieu des Bouchauds, vieux fief féodal du moyen âge, entre Saint-Cybardeaux et Genac, un vaste théâtre romain, tourné du côté de Genac, ce qui suppose dans le voisinage une population, une ville considérable, car on ne construit pas des théâtres au désert; là il faut de nombreux spectateurs pour garnir les gradins; de plus, ce lieu n'était pas isolé, écarté *in devio loco*, comme le poète Ausonius avait dit d'*Inculisna*, qui en effet n'était traversée par aucune voie romaine, quoique on en ait inventé une pour le besoin de la cause; non, car là même, près du théâtre, passait une voie romaine allant de Limoges (*Augustoritum Lemovicum*) à Saintes (*Mediolanum Santonum*); cette même voie romaine passait sûrement à *Cassinomagus* (Chassenon),

(1) Voir le plan horizontal de ce théâtre sur la carte placée à la fin de ce mémoire.

vieille ville romaine où se voient les restes d'un temple de Diane et autres monuments antiques, et à Sainte-Sévère, canton de Jarnac, où se voient les restes d'un magnifique camp romain, que n'ont pu encore détruire les traceurs de chemins. Eh bien ! si de Chassenon à Sainte-Sévère on tire une ligne droite comme nous l'avons fait sur la carte jointe à cet écrit (voir à la fin), ligne qui représente à peu de chose près le parcours de la voie romaine dans notre pays, on voit que cette ligne passe juste entre Saint-Cybardeaux et Genac, dans le lieu même où se trouve le théâtre romain précité; de plus, les peuples de ces contrées étaient vraiment *Pictonibus juncti*, tangents, marchisant au Poitou, car le Poitou, *les Pictones*, c'était le territoire de Marcillac et de Gourville, qui touche celui de Genac et une partie même de la paroisse de Genac était en Poitou avant la Révolution (1). Enfin il y a là un nom qui est la représentation la plus exacte du mot Agésinates : en effet, le bourg, la paroisse de Genac s'est appelée pendant tout le moyen-âge, à l'époque la plus reculée où puissent se porter nos investigations, s'est appelée, dis-je, *Agenacum*. J'ai trouvé dans le cartulaire de l'évêché une charte n° 205, sous l'épiscopat de Pierre de Laumont, vers 1159, qui est une donation faite par *Arnaldus Bochardi* au Chapitre d'Angoulême, de la dîme de Genac, et l'on trouve écrit *decimam de* AGENACO *habebat et possidebat*. Dans une autre charte du même recueil, n° 170,

(1) « Cette paroisse est partie en Angoumois, partie en Poitou, généralité de La Rochelle. »

Dans les procès-verbaux des assemblées de la province d'Angoumois en 1789, par Charles de Chancel, page 582.

même date, on trouve : *res decimarii de* AGENAC (1) ; dans une autre charte, n° 139, de l'an 1110, qui n'est autre qu'une bulle du pape Calixte II dénombrant et approuvant tous les biens appartenant au Chapitre de la cathédrale d'Angoulême, ont lit : *Ecclesia de Agenaco*. Enfin, un peu plus tard, dans une charte de 1293 portant dénombrement du fief des Bouchauds et publiée dans le *Bulletin de la Société archéologique*, p. 323, année 1870, ce même nom de *Agenacum* est répété six fois. Il est manifeste que le lieu, la commune, appelé *Genac* aujourd'hui, lieu près duquel se trouve le théâtre romain (2), s'est appelé *Agenacum* au moyen âge et très anciennement. Il me paraît donc presque certain que dans cet espace, qui s'étend du bois des Bouchauds au bourg de Genac, a existé la cité ou capitale des Agésinates, nommée AGESINACUM, qui plus tard et par abréviation s'est appelée successivement *Agenacum*, *Agenac* et enfin Genac.

Ainsi, au lieu d'inventer des noms sans fondement, sans racines dans le pays, pour soutenir une thèse préconçue, comme d'Anville et M. Eusèbe Castaigne, je dis, parce que l'observation et l'analogie conduisent à le dire : la peuplade des *Agesinates* avait pour capitale *Agesinacum* et était placée au lieu de Genac. Les preuves qui appuient ce théorème

(1) Le mot *Agenac* se trouve plusieurs fois dans le Cartulaire de l'évêché (chartes citées) et dans le *Bulletin archéol.* (année 1860, page 508).

(2) Le village le plus proche des ruines du théâtre, à quelques centaines de mètres et nommé Laubertière, est dans la commune de Genac; les ruines mêmes sont sur Saint-Cybardeaux. La colline où se trouve le théâtre est parsemée de substructions considérables qui indiquent des habitations anciennes fort nombreuses.

historique sont les suivantes : les peuples placés à Genac répondent parfaitement à la caractéristique de Pline; ils sont véritablement *Pictonibus juncti*, voisins des *Cambolectri*. Dans ce lieu se trouve un grand théâtre, débris considérable d'antiquité romaine qui suppose une cité populeuse et florissante dans le voisinage. Une des voies romaines les plus fréquentées de la seconde Aquitaine, allant de Limoges à Saintes, traversait ce pays et lui donnait une grande importance. Enfin le mot Genac est un dérivé manifeste de *Agesinacum* vers lequel on remonte facilement en suivant l'échelle ascendante : Genac, Agenac, *Agenacum*, *Agesinacum*. La peuplade des Agésinates occupait donc à peu près l'espace compris par le territoire des communes de Genac, Saint-Cybardeaux, Rouillac, Gourville, Bignac, Saint-Genis, et une grande partie de l'Angoumois, au nord d'Angoulême, qui, elle, était étrangère aux Agésinates, étant la cité des Ecolismiens, *Civitas Ecolismensium*. Voilà, je crois, la vérité substituée à l'hypothèse impossible du *Condate Agesinatum* de M. E. Castaigne et à l'*Azianensis* de d'Anville.

J'ajouterai à ce qui précède que cette transformation du mot *Agesinacum* en celui de *Agenacum* ne doit pas du tout être considérée comme une simple probabilité plus ou moins ingénieuse, mais bien comme une certitude, conséquence rigoureuse des règles de la grammaire historique. En effet, d'après les linguistes les plus autorisés, comme Littré et Brachet, on sait que la langue latine, même aux époques les plus florissantes, avait deux formes, pour ainsi dire : la forme savante et la forme populaire, la forme de la société élevée et celle des basses classes. La première, plus complète, plus élégante, plus riche par ses syllabes, ses cas, ses inflexions ; la seconde, plus contractée, plus brève, allant plus droit au but, sans observer les finesses du langage. Eh bien ! la langue française, comme toutes les langues d'origine latine en Europe, dérive du latin populaire. Tout mot qui du latin est passé dans le français ancien, dans la langue primitive, a donc suivi la forme latine vulgaire. Or, parmi les abréviations admises par cette dernière, il en est une constante qui a fini par faire loi, c'est celle-ci : toutes les fois qu'une voyelle atone brève précède une voyelle tonique longue dans le latin savant, elle disparaît dans la langue latine vulgaire et dans la langue française, sa conséquente. Or, dans le mot *Agesinates*, la tonique longue est la syllabe *na* : (ăgēsĭnātes), et, dès lors, nous avons la même chose pour le mot parallèle (ăgēsĭnācum). La syllabe *si*, brève et atone dans les deux mots, et placée devant une tonique, est donc destinée à disparaître ; conséquemment, le mot qui, au temps de Pline-le-Naturaliste, au temps de la grande latinité, se prononçait *Agesinates* avec toutes ses voyelles et ses syllabes, au temps de la basse latinité et dans la classe populaire s'est prononcé *Agenates*, et, de même, *Agesinacum*, d'après la même règle, est devenu *Agenacum*, tel que nous l'avons trouvé dans les vieilles chartes; si donc nous voyons ce mot ainsi écrit au moyen âge, ce n'est pas, comme je l'ai déjà dit, par suite d'un caprice de langage, mais par suite d'une règle fixe, invariable, de grammaire historique, déduite elle-même de l'observation (1).

(1) Nous avons un autre mot qui a subi cette même abréviation, c'est la dénomination latine du lieu de Vouzan en Angoumois. Ce nom et l'adjectif qui en dérive se sont primitivement écrits : *Vosinum*, *Vosinensis*, et plus tard on a dit *Vosnensis*, *Vosnensium*

Ainsi donc, si nous pouvons affirmer que *Agesinates* est devenu *Agenates*, de même, en raisonnant *vice versâ*, nous pouvons affirmer encore, avec autant de certitude que si cela était écrit sur le parchemin, ou sculpté sur les monnaies antiques, que le mot *Agenacum*, que nous possédons, n'est autre que le mot *Agesinacum*, que nous ne possédons plus et qui s'est modifié et abrégé conformément aux règles du langage populaire latin et français que nous venons d'exposer. Quant au mot Genac, il n'est lui-même que le mot *Agenacum*, dont les deux affixes sont tombés, comme cela a eu lieu pour plusieurs autres noms de lieux de notre vieil Angoumois. Ainsi le mot *Agenacum* (1) a fait Genac par la chute du préfixe *A* et du suffixe *um* et nous voyons aussi qu'en subissant le même changement *Adiracum* a fait Dirac, *Ajarnacum*, Jarnac ; *Agentum*, Genté ; *Acurciacum*, Coursac ; *Algonnum* ou *Agunt* est devenu Gond.

Il est donc bien positif que le nom de Genac, Agenac, a été tiré au moyen âge du mot *Agenacum*, et celui-ci, dans l'antiquité romaine, du mot *Agesinacum*. — *Quod erat demonstrandum.*

(voir p. 44); l'I bref et atone placé devant la syllabe tonique a disparu, mais l'i a persévéré dans *Vosinum*, parce qu'il était placé devant *um*, syllabe atone. On trouve aussi *Vosen : de burgo de Vosen.* (Cartul. n° 99.)

Vosinum était une viguerie du *Pagus* des Ecolismiens : *in vicaria Vosnensium* ou *Vosninse*. (Cartul.)

(1) *Agenacum*, Cartulaire de l'évêché, an 1110. *Ecclesia de Adiraco*, même Cartul. On trouve aussi *de Adiriaco* dans *Hist. pontif. et comit.*, édition Eus. Castaigne. — *Ajarnacum*. On trouve *Ajarnacensis, Ajarnacensem* dans *Hist. pontif. et comit.*, page 23, an 951. *Aiarnacum* dans une charte de Charles-le-Chauve, an 852, même *Hist. pontif.* page 78; *de Agento*, *Algonnum*, *Agunt,* dans Cartul. de l'évêché, an 1110. *Acurciacum*, Cartul. Charte n° 22.

IV

Note et chartes sur la fondation de l'Aumônerie du Chapitre de Saint-Pierre. (Voir page 61 de la première édition.)

V

Note sur le poète Bastier de La Péruse. (Voir page 65 de la première édition.)

VI

Saint-Cybardeaux est une commune limitrophe à celle de Genac et dont l'église, du XIIe siècle, consacrée à saint Eparche, s'appelait au moyen âge *Sanctus Eparchius de ilice*, Saint-Eparche du Chêne ou de l'Yeuse. Mais lorsque, par une bizarrerie inexplicable, le mot *Eparche* fut transformé en Cibard, on dénomma l'église et le bourg adjacents Saint-Cibard d'Ilz ou d'Els, mots qui sont une réminiscence de *ilex*, et plus tard on a dit, en réunissant les deux mots, Saint-Cibardels, puis Saint-Cybardeaux.

Je crois qu'on n'est pas bien fixé sur l'époque et sur les motifs qui amenèrent cette transformation du nom de Saint-Eparche en Saint-Cibard ; mais je ferai observer que le mot Cibar paraît être le même que *Eparchi* avec inversion des deux syllabes. En effet, si l'on sépare les deux syllabes *Epar-chi* et qu'on mette la seconde avant la première, en supprimant l'E, on trouve Chi-par, qui devient Chi-bar et puis enfin Cibard ; or, le nom *Eparchi* était le plus connu de nos ancêtres, parce que la tradition racontait que lorsqu'il vint dans la grotte sauvage où il resta reclus trente-neuf ans, Eparche, pendant une nuit, s'étant endormi la tête appuyée sur un oreiller de pierre, eut une vision. Un ange radieux lui apparut portant un calice et lui dit : *Eparchi hic permane*. On prétend même que cet avertissement contribua beaucoup à le fortifier dans sa résolution; et ce récit, répandu dans le peuple, accepté avec enthousiasme, fixa le mot *Eparchi* dans les souvenirs et devint le point de départ de l'inversion qui, plus tard, forma le mot Cibard.

Cette anagramme avec renversement des deux syllabes, est donc ce que j'ai trouvé de plus plausible pour expliquer la transformation étrange du mot *Eparche* en celui de *Cibard*, comme l'écrit toujours Elie Vinet. Cependant, M. X..., ancien professeur de rhétorique au lycée d'Angoulême, avait donné une autre explication à ses élèves. D'après lui, comme d'après Elie Vinet, *Eparchius* est un nom d'origine grecque, mais Elie Vinet ne donne ni cette origine ni la composition de ce mot; quant à M. X..., il pense qu'aux époques primitives, on a écrit indifféremment : *Eparchius*, *Iparchius*, *Hiparchius*, qui viendrait de ἵππος et de αρχων, ce nom serait donc l'analogue de Hipparque (chef des chevaux, maître de la cavalerie), et, dit notre professeur, comme dans ces temps reculés, on faisait toujours précéder le nom d'*Eparchius* de l'S, comme *S. Eparchius* ou *S. Iparchius* pour *Sanctus Iparchius*, on a fini par réunir les deux mots, par contracter l'S avec le nom, et on a dit

Siparchius et plus tard *Siparch*, *Sipard*, *Sibard*. J'ai dû rappeler cette explication donnée par un homme aussi instruit qu'ingénieux, explication qui m'a été rapportée par un des élèves de sa dernière année à Angoulême ; mais j'avoue que je ne saurais l'adopter. Je crois que c'est une hypothèse *a priori*, un simple jeu de l'imagination qui est complétement en désaccord avec les recherches, les vieilles chartes, les saines étymologies. D'abord, à aucune époque, on ne trouve *Iparchius*, *Siparchius*. J'ai là sous la main une charte de l'an 558, la 47e année du règne du roi Childebert, écrite par saint Eparche lui-même, charte bien curieuse où le saint reclus d'Angoulême, le fils d'Aureolus, gouverneur du Périgord, et de Principia, affranchit les serfs de ses domaines, ainsi que beaucoup d'autres (1) ; eh bien, il a écrit son nom plusieurs fois *Eparchius*. Dans beaucoup d'autres chartes du même Cartulaire, de différentes dates, jusqu'au XIIe siècle, on trouve ce nom toujours écrit de la même façon. On ne peut donc dire que l'on a écrit au début indifféremment *Eparchius*, *Iparchius*. Jamais, je le répète, ce mot n'a commencé par un I, et M. X..., l'auteur de l'hypothèse précitée, n'en fournit pas un seul exemple ; de plus, jamais le mot Cibard n'a commencé par un S. Dans les premiers temps de ce mot, c'est-à-dire vers le XIIIe ou le XIVe siècle, on a écrit CHIPAR, CHIBART et plus tard Cibard, mais jamais SIBARD (2), on ne peut donc dire que c'est l'S de

(1) Je donne à la fin de cette note, page 68, cette charte originale tout entière avec la traduction.

(2) On trouve Chipart dans Corlieu (1575). « Eparche, que les *Engomoisins ont tourné Chipart*, et le vulgaire nomme Cybard. » Edition Michon, page 8. On trouve Chibard dans Elie Vinet, page 5. (Voir plus haut.)

Sanctus qui s'est contracté avec *Ipàrchius*, *Iparch* pour former Sibard, puisque cette lettre S ne s'y trouve aucunement.

Je pourrais arrêter là ma réfutation, car je crois avoir démontré que l'hypothèse de M. X..., sur la formation du mot Cibard, est inadmissible ; mais je crois aussi devoir rejeter l'étymologie grecque et la composition qu'on attribue au mot *Eparchius* (ἵππος et αρχων), car, dans *Eparchius*, E et P sont les seules lettres qui représenteraient le premier de ces deux mots grecs, qui commence, lui, par ιππ, ce qui ne se ressemble guère ; de plus, on ne trouve jamais deux P dans *Eparchius* comme dans Hipparque, Hippias, Philippe, hippodrome, hippopotame, et dans tous les mots qui empruntent, à la langue grecque, le mot ἵππος pour leur formation. Je ne pense donc nullement que l'on puisse faire dériver le mot *Eparchius* des deux mots grecs précédents. Toutefois, je pense aussi que le nom de notre saint reclus est tiré du grec, et je crois qu'on

On voit par là que le mot primitif qui a remplacé Eparche, est Chipart (Par-chi). Le mot Cybard n'est qu'une corruption de ce premier mot ; quant aux noms supposés *Siparchius, Separchius,* ils n'existent pas dans les auteurs recommandables du pays, ni dans le cartulaire, et s'ils ont été écrits quelques rares fois, on doit considérer cela comme une simple faute d'orthographe, et, par conséquent, comme sans autorité dans la question.

Mais il résulte bien de ce passage de Corlieu que cet auteur était du même avis que nous sur ce point, quoiqu'il n'ait pas formulé son opinion d'une façon aussi explicite que nous l'avons fait, puisqu'il dit : « Eparche, que les Engomoisins *ont tourné Chipart.* » En effet, Chipar c'est Eparche, Eparchi *tourné* avec la chute du préfixe E ; c'est la seconde syllabe *tournée* devant la première. Corlieu, encore une fois, était du même avis que nous, lorsqu'il a dit que les Angoumoisins avaient *tourné* Eparche en Chipart et plus tard Cybard ; seulement le texte de notre vieil annaliste, n'avait jamais été ni remarqué ni compris.

doit trouver son origine dans l'adjectif Επαρκειος, qui signifie *secourable, qui vient au secours des pauvres*, et je pense que ce nom, cette qualification grecque, qui représente le mot *Eparchius* presque lettre pour lettre, ne fut donné au fils d'Aureolus et de Principia qu'après sa reclusion volontaire dans la grotte sauvage qui existe encore sous les murs d'Angoulême, lorsqu'il eut affranchi les serfs de ses domaines et bien d'autres, qu'il eut vendu ses biens, qu'il en eut distribué le produit aux pauvres, comme nous l'enseigne la leçon des Bollandistes. Επαρκειος, *Eparchius* sont donc le même mot pour nous.

Je ne terminerai pas, sans rappeler et sans approuver l'habitude pieuse et touchante, prise au lycée d'Angoulême, depuis l'épiscopat du vénérable évêque Antoine-Charles Cousseau, de conduire chaque année les élèves entendre la messe, le 1er juillet qui suit la première communion, dans la grotte antique et vénérée où véquit, où mourut *Eparchius*; de rappeler les vertus du saint reclus, qui jeta dans ce lieu les fondements de l'abbaye royale de Saint-Eparche ou de Saint-Cybard, abbaye célèbre par les événements qui s'y sont passés, par les hommes illustres qu'elle a possédés. Là, en effet, en 1202, s'accomplit le mariage dramatique du roi d'Angleterre Jean-sans-Terre avec Isabelle de Taillefer, fille du comte d'Angoulême, après qu'il l'eut ravie, au pied de l'autel, à son fiancé le comte de La Marche; là ont vécu, ont écrit deux historiens célèbres, pour les origines de notre histoire nationale : Adhémar de Chabanais, auteur d'une chronique qui s'étend jusqu'à l'an 1029 (1), et

(1) *Chronicon Ademari Chabanensis, Monachi Sancti-Eparchii, a principio Monarchiæ ad annum MXXIX.*

aussi l'auteur anonyme de l'histoire de Charlemagne, connu sous le nom du Moine d'Angoulême (1). Cette illustre abbaye, bâtie et enrichie par nos comtes et nos rois, a duré dans sa splendeur jusqu'à l'époque où elle fut ruinée par les bandes de malandrins, reitres et parpaillots, recrutées en Allemagne et conduites par Gaspard de Coligny, lesquelles, sous prétexte de religion, mirent à sac tout notre pauvre Angoumois et procédèrent à la réformation de l'Eglise catholique, comme les Communards de Paris ont procédé à la réforme sociale, c'est-à-dire par le pillage, l'incendie et l'assassinat. Ils saccagèrent La Rochefoucauld, Montbron, Aubeterre, Montmoreau (2), etc., etc.;

(1) *Karolimagni Francorum regis et imperatoris vita.* Voir *Essai d'une bibliothèque historique de l'Angoumois*, par Eusèbe Castaigne, dans le *Bulletin de la Société archéologique et historique* de la Charente, t. I, 1845.

(2) Voir *Mémoires sur les troubles religieux de Larochefoucauld*, par Jean Pillard, chanoine de la collégiale, publiés par Eusèbe Castaigne dans le *Bulletin de la Société archéologique et historique*, t. II, p. 42, 1852.

Aubeterre en 1562, par E. Gellibert des Seguins. (Même *Bulletin*, année 1862, p. 545.) On y trouve un extrait du curieux ouvrage intitulé : *Théâtre des cruautés des hérétiques de notre temps.* (Anvers, 1588.)

Voir aussi l'enquête sur le pillage et le brûlement de l'abbaye de la Couronne en 1568. (Même *Bulletin*, 1866, p. 380.)

Et encore dans les *Tragiques d'Agrippa d'Aubigné*, ouvrage en vers, le *Saccage de Montmoreau par les reitres noirs*, soldats mercenaires recrutés en Allemagne, à la solde de Coligny, pour ravager la France; on les nommait aussi : les *estaffiers de Chastillon* (ou Coligny). C'est le seul ouvrage que je connaisse où se trouvent mentionnés ces faits odieux, dont la peinture énergique fait horreur.

J'ai vu le reitre noir foudroïer au travers
Les masures de France, et, comme une tempeste,
Emporter ce qu'il peut, ravager tout le reste.
Cet amas affamé nous fit à Montmoreau,
Voir la nouvelle horreur d'un spectacle nouveau, etc.

ils brûlèrent le moustier de Saint-Eparche (1), l'abbaye de La Couronne, la cathédrale de Saint-Pierre, dont ces larrons maudits volèrent les vases sacrés, violèrent les tombeaux pour y chercher de l'or. Ils mirent à mort beaucoup de citoyens inoffensifs, et, entre autres, le P. Grellet, prieur des Cordeliers d'Angoulême, qu'ils pendirent au mûrier, alors situé sur la place qui porte encore ce nom. Là, du haut de l'échelle fatale, la hart au col, ce saint homme, mû par l'inspiration de la mort, clama à Coligny, présent à son supplice : « Toi aussi, pour ton injustice, tu périras de mort violente et, semblable à Jézabel, ton corps sera jeté aux chiens. » Prédiction sinistre qui s'accomplit en 1572, et qui doit être considérée comme le châtiment mérité des crimes innombrables perpétrés par ce farouche sectaire, crimes que ne sauraient faire absoudre les beaux vers menteurs et laudatifs de *la Henriade* de Voltaire. Grellet, sa victime, le lui avait pourtant bien dit : « *Qui gladio ferit, gladio perit.* »

(1) L'abbaye de Saint-Cybard ne s'est jamais complétement relevée de cette ruine. Après l'expulsion des malfaiteurs qui l'avaient saccagée, elle fut restaurée tant bien que mal, et, au moment de la Révolution, elle fut vendue à vil prix. (Voir, à la fin de cet article, le prix des adjudications révolutionnaires, pages 78-79.)

CHARTE D'AFFRANCHISSEMENT D'ESCLAVES.

N° 129 du Cartulaire de l'Evêché, an 558.

DE SANCTO EPARCHIO.

Exemplar (1). Venerabili in Christo beatissimo sacerdote Aptonio episcopo et venerandis presbiteris ac diaconibus Equolisnensis aecclesiæ, Eparchius et si indignus diaconus et reclusus. Humanum genus cultus divinæ religionis admonuit celestia colere et terrestria negligere. Recti et enim calcata terrena sive caduca ad meliora festinant quos domini repromissio ad æternitatem immortalitatis invitat. Quo fit ut apud dominum impensa servorum quam merentur ad partem obsequii gratiam dignam libertatis conditione percipiant,

(1) *Exemplar*, mot latin qui signifie dans ce cas : *écrit original*, ne fait pas partie de la Charte; c'est un mot placé en tête par le rédacteur et qui a été reproduit servilement par le copiste. Il faut se rappeler que deux espèces de collaborateurs coopéraient à la reproduction de ces chartes latines : le *litterator* et le *scriptor*, le rédacteur et le copiste; il y avait même deux espèces de rédacteurs : le rédacteur ordinaire du souverain, du seigneur, du couvent, rédacteur de profession qui a signé de cette façon : *Wallerio, Ramnulfus humillimus et indignus litterator scripsit*, comme dans les chartes citées, n°s 4 et 29; puis, il y avait le rédacteur accidentel que l'on priait d'écrire la charte convenue devant lui *hic et nunc*, c'était le *rogitus*, qui écrivait alors : *Adalbertus, Constantinus presbyter rogitus scripsit*, comme dans les chartes citées, n°s 28 et 59. Il y avait encore, comme rédacteur, le *notarius*, mais dont les fonctions différaient sensiblement de celles du *litterator*, qui signait et certifiait les chartes et contrats, comme *Bartholomæus notarius Karoli gloriosissimi regis*. Bartholomé ou Barptoumé (E. Vinet), notaire de Charles-le-Chauve.

Lorsque le rédacteur, le *litterator* ou le *rogitus*, a écrit la charte lui même ou la fait écrire sous ses yeux, elle est régulière de style et d'orthographe, parce que le rédacteur était un homme

ideo que hæc epistola quos quas per manum meam de (1) collatavorum hominum redemi et michi per ab ipsis partem dato liberas facio his nominibus.

Saturninum.	Marcianum.
Pappolum.	Maurum.
Gregorium.	Honoricum.
Octabianum.	Marcoredum.
Carterium.	Lindaciarium.
Enelianum.	Godoenum.
Colonium.	Venatorem.
Berulfum.	Sineleifum.
Arconcium.	Walegildum.
Cottanem.	Loubaredum.
Gaianum.	Hildemerem.
Badanem.	Senericum.
Montanum.	Desiderium.
Gothunium.	Mondum.
Willebaudem.	Gontheredum.
Gratum.	Enerium.
Suindemodum.	Teudarium.
Baldelanem.	Maurum.
Dommnum.	Gamaredum.
Osdrilianem.	Gratum.
Godinum.	Geriulfum.
Agroetium.	Emnulfum.
Marcomerem.	Aggemerem.
Baudomerem.	Baudemerem.

instruit; — mais si le rédacteur n'en surveillait pas la reproduction, — ou, lorsqu'elle était reproduite plusieurs fois successivement, et à des distances considérables ; le *scriptor*, qui n'était guère qu'un manœuvre, souvent illettré, a commis les solécismes, et les barbarismes innombrables que nous y remarquons aujourd'hui, et que nous reproduisons pourtant pour ne rien changer à ces écrits.

(1) Il y a là un mot omis *impensis*, il faut lire, je crois : *de impensis collativorum hominum*.

Romolum.
Lopum.
Sylvanum.
Vitolum.
Gildemerem.
Mariulfum.
Leobodem.
Gundericum.
Walacharium.
Justinum.
Fredulfum.
Lorentianum.
Barontacum.
Nantomerem.
Magnentium.
Brunonem.
Martinianum.
Aventium Latinum.
Suinthibodum.
Fratilonem.
Godœnium.
Fredosum.
Venerium.
Lopasium.
Colobanum.
Willeuntum.
Ennulfum.
Sindicionem.
Secondum.
Gennulfum.
Daibaudem.
Abundum.
Avintiolum.
Amandum.
Innocentium.
Unstricianum.
Aunacharium.
Wentrulfum.
Perpetuum.
Alvocinem.
Mauromerem.
Enelianum.
Wartldem.
Flado (1).

Resunam. (2)
Helariam.
Miunam.
Nanteveram.
Pieriam.
Willegontem.
Froseriam.
Theodoniniam.
Guisiguntiam.
Manegildem.
Rumulam.
Trasidonem.

(1) Ici se termine la liste des hommes affranchis, au nombre de 92.

(2) Ici commence la liste des femmes affranchies, au nombre de 83; en tout, 175 affranchis des deux sexes.

Cette longue suite de noms d'esclaves, hommes et femmes, du VIe siècle, n'est pas la particularité la moins curieuse de cette charte déjà si intéressante.

Leopoveram.
Amazoram.
Placentiam.
Uthesuendam.
Verbosam.
Stephaniam.
Sinnilevam.
Wallarunam.
Tottonem.
Custotam.
Ursam.
Aniellam.
Romolam.
Julianam.
Ulfatinam.
Martinam.
Bonantiam.
Gaudiosam.
Ranildem.
Dessegontiam.
Constantiam.
Tiberiam.
Bladoevam.
Badonem
Hinnoerdam.
Mareniniam.
Aigonem.
Porciscolam.
Goebergam.
Merebergam.
Litemniam.
Virinianam.
Ageleubam.
Mantildem.
Elediam.

Petroniam.
Elediam.
Onlam.
Walbergam.
Fredoevam.
Leufanandam.
Exsoperisimam.
Majorianam.
Silviam.
Ageleubam.
Theudosovindam.
Galiniam.
Probam.
Severam.
Valentiam.
Ennoertam.
Maxentiam.
Abendam.
Fredeguntem.
Diciguntem.
Liminiam.
Lupam.
Paladiam.
Amaxiam.
Chairegontem.
Legisbergam.
Baiolam.
Viventiam.
Olibam.
Reginam.
Veseguthiam.
Willigengontem.
Fontonolam.
Lithegonem.
Hortisiam.

Jugo ipsorum conditionis excusso beneficium eis Romanæ libertatis impercior ita ut sibi agant sibi degant, suoque jure sibi comissos esse cognoscant. Nullius quoque heredum ac pro heredum ve meorum aut cujuslibet suppositi subrogatam ve personnæ repetitionem aliquam aut molestiam vereantur, quod si qui fortasse repletus insania facere conaverit, deprecor vos seculares judices per divina omnia et apud regis cujus regimur ut cum legibus dominicis feriatis. insuper vero usque in diem judicii anathemam se esse cognoscat. Quorum obsequium quæ pro gratia debentur. Qui intro terminum Æquolisnensium civitatis consistere aut manere noscuntur sanctæ aecclesiæ æquolisninse ubi benedictionem leviticam capite meo suscepi reservo. Qui vero intro terminum Petrogorice civitatis similiter consistere aut manere noscuntur Seaciacense monasterio ubi spiritaliter me Christo tota mente intentione tradidi atque devovi obsequium studium reservare, reliqui vero quique in aliis urbibus consistunt supra memoratæ aequolisninse aecclesiæ tuitione se habere cognoscant et obsequium non renuant. simulque injungo per singulos annos, supra scripti liberti mei singulos cereos libralis in solempnitate Cathedræ domni Petri qui tuitione equalisninse aecclesiæ delegati sunt. In eadem die qua dixi inferre penitus non graventur. Ut dum se per hanc observationem in templo Dei cuncto populo innotiscunt, hii qui insidiare conantur dupliciter terreantur, et si quis sibi peculiaria habent aut deinceps laborare potuerint ipsis volo esse concessa, quos quas veneratione vestri aecclesiæ commendo ut ab omnis infestantium impetus tuicionem sanctæ aecclesiæ muniti in perpetuo possent esse securi, et ut firmius voluntas mea sortiatur effectum manu propria infra subscripsi precans beatudinem vestram ut factum meum vestra subscriptione firmetis. illud tamen humili prece deposco ut quecumque de memoratis libertis ad propria remeare voluerit vestras commendaticias accipere mereatur. Nam qui in loco residerent et in seculo voluerint obligare nullatenus absque vestra voluntate ut consilio licentiam non debeant copulandi. Cum itaque presens cartula in aecclesia sub vestri presentia fuerit recensita, precor ut factum vel voluntatem meam conservare dignetis et queso ut eam in archivis aecclesiaticis custodiendam tradatis cum stipulatione subnixa. — Item alia manus Ego Eparchius propitio Christo, diaconus et reclusus Cartulam hanc absolutionis a me factam sub die II Kalendarum aprilis anno XLVII domni nostri Childeberti gloriosissimi regis.

Item alia manus Aptonius peccator libertatem hanc relegi, sub die II Kalendarum Aprilis. *S*......... Higerius propicio domino presbiter hanc relegi. *S*......... Frontonius archipresbiter libertatem hanc sub die et anno quo supra.

CHARTE

DE SAINT EPARCHE

Moi, Eparche, quoique indigne, diacre et reclus, au vénérable et bienheureux prêtre en Jésus-Christ Aptone, évêque, et aux respectables prêtres et diacres de l'Eglise d'Angoulême, salut.

Les préceptes de notre divine religion enseignent aux hommes de rechercher les choses célestes et de mépriser les biens de la terre, c'est pourquoi les justes, après avoir foulé aux pieds les vanités caduques et périssables de ce monde, s'élancent avec ardeur vers la possession des biens célestes qui leur sont préférables, soutenus, qu'ils sont, par la promesse du Seigneur qui les convie à l'éternité de l'immortalité. De là est arrivé que, pour obtenir cette récompense, ces justes, au cœur droit, ont accompli des œuvres pies, comme le rachat des esclaves, ont mérité une grande part de considération devant Dieu et ont acquis dans ce monde des témoignages de reconnaissance dignes de l'œuvre de délivrance qu'ils ont entreprise ; dans cette intention et pour imiter cette œuvre chrétienne, en vertu de la présente charte et à l'aide des deniers colligés par des hommes de bien, auxquels deniers j'ai réuni les miens propres, moi, Eparche, j'ai racheté, de mes propres mains, plusieurs esclaves des deux sexes et j'ai fait libres ceux et celles dont les noms suivent. (Voir ci-contre les noms des affranchis, dans la Charte latine.)

Le joug de leur condition servile étant brisé, je leur accorde le bienfait de la liberté romaine, de telle sorte qu'ils puissent agir ou ne pas agir, conformément à leur volonté, et qu'ils apprennent que tel est le droit qui leur appartient désormais. Je veux aussi que ni mes héritiers ni aucune autre personne subrogée à leurs droits ne puissent exercer ni action ni répétition contre mes affranchis, ni leur infliger aucune violence, aucune molestation, et si qui que ce soit était assez insensé pour oser faire ces violations, je vous en conjure, ô juges séculiers, au nom du Dieu tout puissant, au nom du roi qui nous gouverne, qu'il soit frappé par les lois souveraines et qu'il sache que, jusqu'au jour du jugement dernier, le poids de l'anathème pèsera sur sa tête.

Pour une telle grâce, voici les actes de soumission que j'exige de mes affranchis. Tous ceux qui résideront ou habiteront le territoire de la ville d'Angoulême, sont rattachés à la sainte Eglise d'Angoulême, où j'ai reçu, sur ma tête, l'onction sainte du lévite. A ceux qui résideront sur le territoire de la cité de Périgueux, je réserve leur soumission respectueuse au monastère de Saissac, où, pour la première fois, je me suis dévoué et me suis attaché au culte spirituel du Christ, de tout mon cœur et de toute mon âme ; quant à ceux qui habitent d'autres villes, qu'ils sachent bien qu'ils sont aussi placés sous la protection de l'Eglise d'Angoulême, et qu'ils ne lui renient pas l'obéissance. En même temps, j'impose à mes affranchis prénommés l'obligation de porter, chacun et chaque année, un cierge d'une livre le jour de la fête de la chaire de Saint Pierre, dans l'Eglise même, à la protection de laquelle ils sont confiés.

Dans ce jour solennel qu'ils n'aient pas honte de se montrer au grand jour, en présence de tout le peuple, dans le temple de Dieu, comme je le leur ai prescrit; car si les méchants voulaient leur tendre des embûches, ils seraient terrifiés par la double crainte des lois divines et des lois humaines.

Si quelques-uns de mes affranchis possèdent de l'argent ou si dans la suite, ils en acquièrent par le travail, je veux qu'il leur soit laissé. Je les recommande encore, hommes et femmes, à votre bonté, ô saint Evêque, et à celle de l'Eglise, afin que fortifiés par cette protection contre leurs ennemis, ils soient en sécurité perpétuelle. Et, pour que ma volonté soit affirmée d'un façon plus stable, j'ai signé de ma propre main au bas de cet écrit, et je prie votre bonté de l'affirmer aussi par votre signature; toutefois, je vous présenterai encore une humble prière, c'est afin que, si quelqu'un de mes affranchis voulait revenir vers son pays natal, vous lui donniez des lettres de recommandation, s'il s'en est rendu digne, et je veux encore que si, ceux qui résident en ce lieu veulent s'engager plus avant dans ce monde, ils ne puissent aucunement se lier par le mariage sans votre conseil et votre permission.

Comme la présente charte a été lue dans l'église, en votre présence, je vous prie encore que cet acte de ma volonté, vous daigniez le conserver et le placer dans les archives ecclésiastiques, avec toutes les stipulations qu'il comporte.

(Dans la même charte, mais d'une autre main) : Moi

Eparche, par la faveur de Jésus-Christ, diacre et reclus, j'ai fait cette charte d'affranchissement le IIe jour des kalendes d'avril, la XLVIIe année du règne de Childebert, notre glorieux roi.

(De même et d'une autre main) : Aptone, pécheur, j'ai relu cette charte de liberté, le IIe jour des kalendes d'avril.

Higerius, par la bonté de Dieu, prêtre, j'ai relu cette charte.

Fronton, archiprêtre, j'ai relu cette charte de liberté les jour et an ci-dessus.

La voilà cette charte d'affranchissement qui montre, dans tout son éclat, la sollicitude du Christianisme et du clergé, dans ces temps de barbarie, pour les hommes et les femmes privés de leur liberté, écrasés sous le joug de l'esclavage ; et cette sollicitude pour les esclaves remonte presque à l'origine du Christianisme, car dès l'an 316 de notre ère, le grand Constantin rendait des édits qui favorisaient et facilitaient l'affranchissement des esclaves, en permettant qu'il fût fait, dans les églises, devant les évêques, sans l'intervention du magistrat civil. C'est ce mode d'affranchissement qui fut suivi dans ce cas, quoique 250 ans se fussent écoulés depuis l'édit de Constantin, et ce bienfait de la liberté romaine, comme l'appelle *Eparchius*, est en effet conforme à l'édit de Constantin, qui place l'affranchi sous la tutelle de l'Église et le soumet à quelques autres formalités, moins l'impôt de la capitation ; dans ce cas, ces esclaves affranchis, en vertu d'une charte lue devant l'autel, en présence de l'évêque et du peuple, étaient désignés sous la dénomination de

Cartularii. Nos malheureux ancêtres de l'Angoumois, dans ces temps de barbarie, ont donc profité de la bonté de la religion catholiques et de ses prêtres, qui, semblables à *Eparchius* le saint reclus, employaient et leurs biens propres et ceux qu'ils obtenaient d'autres chrétiens généreux, pour rendre à la liberté ceux et celles *(quos et quas)* qui s'en étaient rendus dignes.

Telle fut l'origine de certaines redevances payées quelquefois, par les populations reconnaissantes, à des institutions religieuses, à quelques riches particuliers qui, affranchissant à leurs frais des villages, des contrées entières, en recevaient, eux et leurs descendants, quelques redevances comme témoignage de reconnaissance, redevances que, plus tard, dans nos jours de Terreur, on imputa à crime à leurs descendants et qui, bien souvent, furent cause des traitements barbares et des jugements de mort qu'ils furent condamnés à subir. Donc, lorsque nous entendons d'ignares déclamateurs accuser le Catholicisme d'avoir favorisé le servage et l'abrutissement des hommes, nous ne pouvons que leur opposer ces écrits antiques, qui démontrent que la science et la liberté humaine n'ont pas eu de plus vaillant défenseur que le Christianisme, ou plutôt le Catholicisme et ses ministres.

VII

Note sur la rivière la Boesme. (Voir page 67 de la première édition.)

VIII

Charte concernant un jugement de l'évêque d'Angoulême contre les agents fiscaux du Comte, en faveur des habitants de Mornac. (Page 68 de la première édition.)

Commune de Saint-Yrieix et Vesnac. — BIENS NATIONAUX.

PROPRIÉTÉS VENDUES ÉTENDUE, DÉTAIL	MONTANT DU PRIX	DATE DE LA VENTE	NOM DE L'ACQUÉREUR	NOM Du propriétaire évincé
1° *Domaine de Chantoizeaux*, paroisse de *Saint-Yrieix*, bâtiments, servitudes, mobilier agricole : Terres. . 22 journ. 21 car. Prés. . 13 journ. 149 car. Bois . . . 16 — 155 — Vignes. 15 — 160 — Chaumes. 1 journ. 51 car. *Il y a beaucoup plus de chaumes que cela qui ne sont pas comptées.*	19,400 liv.	2 mars 1791.	Salomon de Laugerie.	Ce domaine appartenait à l'abbaye de Saint-Cybard ; il contenait en tout 68 journ. 85 car. C'est l'ancienne manse conventuelle donnée par Charles-le-Chauve à l'abbaye de Saint-Eparche. L'État spoliateur, vendeur.
2° Une pièce de pré, dans la prairie du Petit-Vesnac, de la contenance de sept journaux. Philippe Lambert et Menault-Desjartres, administrateurs-adjudicateurs ; Simon-Vaslet, offic. mun., pour Angoulême, et Jean Maubert, dit *Prophète*, offic. mun. pour Saint-Yrieix, assesseurs.	4,200 liv.	5 mars 1791.	Priollaud, demeurant à Vesnac.	Ancienne abbaye royale de Saint-Cybard.

Commune d'Angoulême. — BIENS NATIONAUX.

PROPRIÉTÉS VENDUES ÉTENDUE, DÉTAIL	MONTANT DU PRIX	DATE DE LA VENTE	NOM DE L'ACQUÉREUR	NOM Du propriétaire évincé
1° Pré appelé l'Isle-à-l'Abbé et dépendant de la ci-devant abbaye de Saint-Cybard, et une pièce de bois, appelée le Bois-de-la-Taille, située près la route de Saint-Jean. L'Isle-à-l'Abbé a 24 journaux. La Forêt des Tailles contient 24 arpents 94 perches (sic).	31,300 liv.	3 mars 1791.	M. Mathé-Dumaine, pour et au nom de la dame Cosson, vᵉ Duchambon. L'Etat devait à cette dame qui prit ces immeubles en compensation.	L'ancienne abbaye royale de Saint-Cybard, propr. L'Etat spoliateur, vendeur.
2° Bâtiments dépendant de la ci-devant abbaye de Saint-Cybard, à l'exception de l'église et de la sacristie ; ensemble les cours, jardins, aireaux, four et moulins banaux, moulin à foulon et deux pièces de terre.	24,100 l.	3 mars 1791.	Gratereau, juge de paix.	Id.
3° Une petite pièce de terre proche et dépendant de l'abbaye de Saint-Cybard. Menault et Philippe Lambert, administrateurs-adjudicat. Rouhier, garde des Eaux et Forêts d'Angoumois et Aubin-Desgrois, experts-estimateurs.	265 l.	29 mars 1791.	Id.	Id.
4° L'église de Saint-Yrieix, sous Angoulême (1) ; 86 toises de surface. La susdite église provenant de la ci-devant abbaye de Saint-Cybard, servant actuellement à la section de la Fraternité, jusqu'à l'évacuation des fontes qui sont dans la ci-devant église de l'Houmeau, confrontant à la route de Bordeaux, près le pont de Saint-Cybard.	12,060 l.	3 fructidor 4ᵉ ann.	Id.	Id.
5° Eglise abbatiale de Saint-Cybard, sous Angoulême. Jean Texier, architecte-expert.	8,600 l.	25 sept. 1807.	Pierre Buchey, demeurant à L'Houmeau.	Id.

(1) Cette église était située au lieu où est actuellement la brasserie de bière, dite de Strasbourg. Voir le plan d'Angoulême, de Belleforêt, 1575.

Tous ces renseignements sur les bien nationaux sont tirés des archives de la Préfecture de la Charente. Ce sont les seuls biens mentionnés dans le dossier de la ville d'Angoulême et de la com. de Saint-Yrieix.

ERRATUM

ET RÉSUMÉ GÉNÉRAL

Page 35, on lit : « Angoulême n'est pas la seule ville qui ait été oubliée, puisque d'Anville nous apprend que *Mediolanum santonum*..... n'y figure pas. »

Dans ce passage, il y a une erreur ; la rédaction ambiguë de l'article CONDATE de d'Anville m'avait fait croire que cet auteur, dans sa *Notice de l'ancienne Gaule*, avait émis l'opinion que *Mediolanum* n'existait pas sur la carte théodosienne ; mais par l'étude de cette carte, j'ai reconnu que cette ville y existe sous ce nom, *Mediolano Saneo*, avec le signe abréviatif du génitif pluriel, ce qui fait *Mediolano saneorum* pour *santonicorum* ; j'ai reconnu aussi que d'Anville l'a dit lui-même dans son autre article, *Mediolanum*. A la page 26, cette même erreur avait été déjà énoncée, on comprend que j'ai dû m'empresser de la rectifier. La carte de Peutinger, est fort inexacte, fort incomplète, et je crois même que l'on peut dire qu'elle a plus nui aux études d'histoire et de géographie antiques qu'elle ne leur a été utile ; toutefois, il est rigoureusement nécessaire, quand on la cite, de la citer exactement. Cette erreur, au reste, ne change rien au raisonnement qui suit dans ce passage.

Il résulte, en effet, de tout ce qui précède que jamais Angoulême ne s'est appelé *Condate Agesinatum*, que nulle part on ne trouve la moindre trace, la moindre apparence de cette dénomination ; qu'il est également impossible de faire dériver le mot Angoulême de Agesinates, puisque les lettres A et G, qui sont dans les deux mots et qui, seules, leur donnent quelque ressemblance, n'existent pas dans l'antiquité et ne datent guère que du XIe ou du XIIe siècle dans le nom latin d'Angoulême, et l'on voit aussi que le mot *Agesinates*, n'a aucune ressemblance avec *Iculisna*, *Ecolisma*, c'est-à-dire les plus anciens noms connus d'Angoulême.

Quant au Condate de la carte théodosienne, il n'a jamais pu être pris pour Angoulême, puisque cette dernière ville, sous les noms précédents, était connue bien antérieurement à la carte théodosienne, et qu'on l'eût établie sur cette carte, sous son nom, plutôt que sous celui de *Condate*, si c'eût été la même localité. Voici au reste les dates moyennes que nous pouvons assigner à ces noms dans l'histoire :

Iculisna (dans le poète Ausonius) an 352 (1).

Ecolisma (sous Honorius) an 409 (2).

Condate (sous Théodose II) an 429 (3).

Par conséquent, *Condate* a coexisté avec la cité des Ecolismiens *Civitas Ecolismensium*, on ne peut donc aucunement les confondre, les unifier, puisque elles ont chacune un nom différent, ce sont bien deux localités distinctes. Le *Condate Agesinatum* est donc encore une fois, une invention pure, une hypothèse de toute pièce, une idée sans support, comme on dit en philosophie.

(1) Époque moyenne de la vie d'Ausonius, né en 309, mort en 394.

(2) Année moyenne du règne d'Honorius, sous lequel a été rédigée *la Notice des provinces des Gaules* (395-423).

(3) Année moyenne du règne de Théodose II, sous lequel, dit-on, a été faite la carte théodosienne (408-450).

Le *Condate* de la carte de Peutinger, c'est le *Condolon*, de la charte de Charles-le-Chauve, de 852; le *Algonnum* de nos comtes Guillaume et Alduin (1001-1028), le Gond actuel. Les preuves de cette énonciation sont celles-ci : *Cond-ate, Cond-olon* ont le même radical; quant à la désinence, quoiqu'elle diffère, on peut considérer *Codolon* comme le diminutif de *Condate*, mais c'est originairement le même mot (1). Topographiquement, et suivant sa définition, Condate devait être placé à l'angle de jonction de deux rivières, et Condolon, le Gond, *ipso facto*, est placé, lui aussi, dans l'angle de jonction de la Charente et de la Touvre. Le Gond est rigoureusement distant de Charras, comme *Condate* l'est de *Sarrum*. Entre ces deux dernières localités, la carte théodosienne marque x lieues gauloises, ou 11,500 toises, ou 23,000 mètres, ou 23 kilomètres ; or, si sur la carte on met la pointe du compas sur le point d'intersection de la Touvre et de la Charente et l'autre sur le point de Charras, on trouve juste 24,000 mètres, ou 24 kilomètres. De Charras à Périgueux, la distance aussi est la même que celle indiquée de *Sarrum* à *Vesonna* par la carte théodosienne, qui marque xx lieues gauloises, ou 23,000 toises, c'est-à-dire 46,000 mètres ou 46 kilo-

(4) Ces diminutifs en *on* sont très-fréquents dans la langue française : c'est ainsi qu'on a fait de enfant, *enfançon* ; de clocher, *clocheton*; de oiseau, *oisillon*, etc. Dans le langage populaire, ces diminutifs, pour les noms propres, sont encore plus fréquents et pour ainsi dire *ad libitum* pour celui qui parle ; ainsi on a fait de Jeanne, *Jeanneton* ; de Marie, *Marion* ; d'Antoine, *Toinon* ; de Petrus, *Petrolon* ; de Condate, *Condolon*, qui signifie petit Condate. On n'a donné ce nom à cette localité que lorsqu'après la chute de l'empire romain, elle diminua beaucoup d'importance, tandis que, Angoulême, mieux placée, mieux défendue par sa colline et ses murailles, en prenait une beaucoup plus considérable.

mètres en ligne droite, ce qui est aussi la distance de Charras à Périgueux.

Il est impossible de trouver un accord plus parfait pour les distances; par conséquent le Gond et Charras sont bien les localités qui, sur la carte de Peutinger, sur la voie de Périgueux à Saintes ou de *Vesonna* à *Mediolanum*, sont désignées sous les noms de *Condate* et de *Sarrum*. Je dis qu'elles sont presque en ligne droite, en effet, si l'on tire une ligne de Périgueux, *Vesonna*, au Gond, *Condate*, elle passe presque par Charras, *Sarrum*. C'est que nul peuple, mieux que les Romains, n'a connu la définition *recta brevissima*.

Et s'il fallait une preuve de plus que, comme l'a dit Ausonius le poète, Iculisna était *in devio ac solo loco*, dans un lieu solitaire et privé de chemins, nous la trouverions ici. La carte, sur la voie romaine que nous étudions, indique les villes et les mansions qui lui étaient tangentes, et encore pas toutes; quant aux autres, elle ne les marque pas. Iculisma était à deux kilomètres de la voie, la carte théodosienne ne la mentionne pas, tandis qu'elle marque Condate, qui était tangente et qui n'était même pas une ville, mais un camp, une mansion militaire qui servait d'aboutissant à la voie romaine de Vesonna. Il y avait pour cette préférence une bonne raison, c'est que la mansion romaine de Condate avait plus d'importance militaire que Iculisma, puisque la mansion était le lieu où s'arrêtaient, où se ravitaillaient, où se réfugiaient, au besoin, les légions romaines passant à travers la Gaule. Nos dominateurs laissaient donc Iculisma, ville sans murailles, et ses Iculismiens faire paisiblement de la rhétorique avec le professeur Tétrade; mais ils ne leur faisaient même pas l'honneur de les placer sur leurs cartes militaires, tandis qu'ils y plaçaient Condate, forteresse imprenable, qui les aidait dans la domination du pays.

Il faut l'avouer, c'est à Eusèbe Castaigne que nous devons le rétablissement de cette voie romaine, que personne n'avait comprise avant lui, quoiqu'elle soit parfaitement figurée sur la carte théodosienne ; jusqu'ici tous les géographes s'étaient évertués à chercher *Condate* et *Sarrum* sur la voie directe de Périgueux à Saintes en passant par Cognac (*Cunacco*) ou Merpins (*Merpisium*), c'est-à-dire par *le chemin Boine* ; mais, il faut bien le dire, tout le monde y avait perdu son latin, et M. Michon lui-même, habituellement si intelligent, si perspicace, finit par avouer, dans sa *Statistique monumentale*, que c'est un problème insoluble, qu'on ne trouve sur ce chemin Boine, que nous connaissons tous, aucune localité qui rappelle les noms de *Condate* et de *Sarrum* aux distances indiquées par la carte antique, et cela est vrai. Mais, ce n'était pas là qu'il fallait chercher, ainsi que Eusèbe Castaigne l'a fait voir et l'a même tracé sur la carte jointe à son mémoire sur les Agésinates, page 83 du *Bulletin de la Société archéol. et hist.* de 1865; il n'a eu qu'un tort, c'est de faire aboutir cette voie à Angoulême, qui était *in devio ac solo loco,* et d'inventer l'appellation *Condate Agesinatum*, qui n'a aucune racine, aucune apparence dans le pays.

Donc, comme l'a indiqué Eusèbe Castaigne, et comme l'indique aussi très-positivement la carte de Peutinger, il y avait trois grandes voies romaines qui traversaient l'Angoumois de l'est à l'ouest, allant à Saintes :

1o La voie de Limoges ou d'*Augustoritum* (*Ausrito* par abréviation) à *Mediolanum Saneorum* (pour *Santonicorum* de la carte peutingérienne), en passant par *Cassinomago* Chassenon et *Seranicomago*, que l'on s'entête de placer à Charmé (1), tandis que ce bourg est au moins à 18 kilomètres au nord de cette voie, sur laquelle est écrit le nom de *Seranicomago* avec le chiffre XII. Cette mansion romaine était donc à douze lieues gauloises, ou à 27,600 mètres de Chassenon, et était par conséquent à peu près où est Chasseneuil, qui en est à 25 kilomètres en ligne droite et sur la même voie ; mais comme cette voie, arrivée au lieu où se trouve actuellement Mazières se détournait pour aller à La Péruse, rejoindre la voie de Chassenon à Charroux (Michon, *Statistique m.*), il en résultait un allongement de quelques kilomètres, et alors la distance que j'ai soigneusement mesurée au compas, avec le détours précité, donne juste 27,500 mètres de Chasseneuil à Chassenon, ce qui fait bien les XII lieues gauloises (2) de la carte. Vraiment en voyant l'exactitude des distances données par la carte de Peutinger, j'ai repris un peu confiance dans cette carte qui, si souvent, m'a causé des déceptions.

J'ajouterai que Chasseneuil aussi (*Cassinolium*,

(1) C'est encore là une idée à la d'Anville qui, le premier, a proposé cette explication, idée presque aussi lumineuse que celle d'avoir placé les *Agésinates* à Aisenai. Mais rien n'est aussi curieux que de voir de quelle manière cet auteur franchit les difficultés. La carte de Peutinger indique XII lieues de *Cassinomago* à *Seranicomago* ; or, comme cette cote ne peut convenir à Charmé, qui en est au moins à XX lieues, d'Anville dit qu'il doit y avoir erreur sur la carte, et qu'il faut ajouter un X devant la cote de cette carte, ce qui fait alors XXII lieues gauloises. On voit qu'en agissant ainsi, il ne faut pas beaucoup de science ni de recherches pour interpréter la carte de Peutinger ; il faut supposer tout ce dont on a besoin et faire les changements suivant ses hypothèses.

(2) J'ai employé cette expression, *lieue gauloise*, parce que c'est celle employée par d'Anville, qui avait fait sur ce sujet, une étude toute spéciale.

Cassinogilum, d'après d'Anville), se trouve sur le parcours de cette voie, comme je l'ai déjà dit, et comme on peut le voir sur la carte, à la fin de cette brochure, et on y trouve des débris romains et principalement les restes d'un camp, forteresse de la mansion. C'est donc bien plutôt à Chasseneuil qu'à Charmé que nous devons placer *Seranicomago* et, si l'on objecte que ces noms ont trop peu de ressemblance entre eux, je ferai observer qu'il y en a presque autant qu'avec le mot Charmé. De *Seranicomago*, la voie passait à *Agesinacum*, où se trouve le théâtre romain des Bouchauds, à 35 kilomètres de Seranicomago ; puis à Sainte-Sévère, à 18 kilomètres de Agesinacum, et enfin à *Mediolanum*, à 30 kilomètres de Sainte-Sévère, dont nous ignorons le nom latin. On voit que ces différentes localités, villes ou mansions, étaient bien à distance d'étape.

2º L'autre voie allait de Périgueux (*Vesonna*) à Saintes (*Mediolanum Santonum*), en passant par *Sarrum*, *Condate*, *Cunacco* ou *Merpisium* ; elle était moins droite que la précédente (celle d'*Augustoritum*), et formait, d'une manière générale, un angle très-obtus, dont le sommet était à *Condate* et le sinus tourné vers Angoulême (*Iculisna*). Les deux côtés de cet angle allaient donc l'un à Périgueux, l'autre à Saintes ; ce dernier en suivant la rive droite de la Charente. Ces deux côtés étaient presque égaux, car le premier, celui du Gond à Périgueux, avait soixante-huit à soixante-dix kilomètres ; le deuxième, celui du Gond à Saintes, soixante-cinq kilomètres. Il est vrai que la carte de Peutinger ne cote pas la distance de Mediolanum à Condate (de Saintes à Condolon ou au Gond); mais cela paraît évident sur la carte à la simple inspection. *Condate* est bien à peu près le point moyen entre *Vesunna* ou

Vesonna et *Mediolanum*, et les mesures confirment cette appréciation, comme nousvenons de le dire.

A partir de *Sarrum* (Charras), cette voie suivait, je crois, à peu près le trajet indiqué théoriquement par Eusèbe Castaigne pour venir à Condate. Je dis théoriquement, car les traces matérielles manquent ; mais étant admis que Charras est *Sarrum* et le Gond *Condate*, en présence de la voie si directe, si droite de la carte antique de Peutinger, ce trajet est forcément vrai, seulement elle inclinait à droite un peu plus qu'il ne l'a dit, elle passait à droite de Soyaux (*de Suellis*, cartul.), puis à l'extrémité nord du quartier de Saint-Roch (Angoulême) au chemin de Bel-Air, et, de là, se rendait au Gond (*Condate*) par les villages de La Madeleine et de Pisani, où l'on suit, sur ce trajet, plusieurs amorces de chemins qui ont dû être la voie antique. — Arrivée au Gond, cette voie passait sur le vieux pont, à droite, et bientôt, tournant brusquement à gauche, elle traversait la Charente au lieu de Roffic (*Rofiacum* du cartul., charte n° 33), en passant ainsi sur la rive droite du fleuve ; puis elle gagnait, par les villages de la Galocherie et du Mas, les hauteurs de Vaisnac (*Vasnacum* du cartul.) par Chantoiseau, où l'on trouve encore les restes de la manse conventuelle donnée par Charles-le-Chauve au moustier de Saint-Eparche ; elle arrivait ainsi sur la route actuelle de Rouillac, et suivait alors cette direction, cette route en ligne si droite qui, de ce point, traverse toute la commune de Fléac, de l'est à l'ouest, pour se continuer au chemin dit *des Anglais* ; elle passe alors par le Grand-Maine, ancien domaine des Saint-Gelais, puis elle traverse la route de Saintes et passe par derrière la butte de Sainte-Barbe; puis, elle côtoie, sur la droite, le bourg de Fléac (*de Flaiaco*, cartul.), passe par le village de La Martine et vient aboutir derrière le grand Bassau (*portus de Bassellis*, cartul.) au chemin bas, mais toujours droit, qui est dans la commune de Linars (*de Linaribus*, cartul.), et va se confondre avec le chemin dit *des Anglais*, que l'on a toujours considéré comme une voie romaine allant à Saintes par la rive droite de la Charente, et dont le parcours a été indiqué par MM. Michon et Eusèbe Castaigne, quoique d'une façon un peu différente par chacun.

Certainement, le grand nombre d'années écoulées depuis la confection de la carte théodosienne, les remaniements incessants qu'ont subis ces chemins en ont fait disparaître les caractères antiques; mais, habitué depuis quarante ans à les observer, à les parcourir à pied, à cheval, j'ai pu en étudier l'emplacement et y reconnaître leur origine. Au reste, les preuves rationnelle viennent ici s'ajouter aux probabilités matérielles déjà données et corroborer ce tracé. En effet, étant admis que la voie de *Condate* (le Gond) à *Mediolanum* (Saintes), et faisant suite à celle de *Condate* à *Vesonna*, passait sur la rive droite de la Charente sans traverser *Iculisna* (Angoulême), qui doit toujours rester *in devio ac solo loco*, comme l'indiquent et la carte de Peutinger et les vers d'Ausonius, l'adoption de la voie que nous avons indiquée est obligatoire car, elle aussi, fait partie du chemin dit *des Anglais*, dont elle est le commencement, et elle va directement à *Condate* (le Gond). L'étude topographique de ce tracé laisse donc une profonde conviction, quand on l'a suivi sur le terrain; cette route est, du reste, parfaitement représentée tout entière sur la carte de l'Etat-Major.

3° Enfin la troisième voie, allant de Périgueux à Saintes, sur la carte de Peutinger, en s'unissant à la précédente vers Cognac ou Merpins, était plus courte et formait le troisième côté du triangle, dont les deux autres étaient formés par la voie précédente angulée à Condate ; c'est le chemin Boine, *via bovina* dont une branche se détachait sans doute pour aller à *Burdigala* (Bordeaux), comme l'indique la carte antique, ce qui a servi jusqu'ici à égarer les observateurs, car ce chemin Boine s'arrêtait à *Cunacco* en se joignant par un angle au précédent pour aller ensemble à Saintes, tout le reste lui est étranger, c'est-à-dire la voie absurde de *Burdigala*. On conçoit, en effet, que diriger une route de Périgueux à Bordeaux en passant par Cognac, c'est le comble de l'absurdité, pour peu qu'on jette les yeux sur la carte de France, où Périgueux, Cognac, Bordeaux sont toujours à la même place qu'au temps de la carte théodosienne. Celui qui a tracé cette carte n'avait aucune idée de la topographie de cette ville de Bordeaux qu'il ne place même pas près de la Garonne, mais tout près de la mer.

Au reste, pour bien comprendre ces questions de géographie antique qui, d'abord, paraissent fort épineuses, il faut avoir constamment sous les yeux les deux cartes antique et moderne, la Peutingérienne et la Malte-Brun ou toute autre, afin d'établir la coïncidence des lieux. J'engage aussi le lecteur à consulter la carte d'Eusèbe Castaigne, que j'ai signalée plus haut et qui n'est guère que la reproduction un peu modifiée de celle de Peutinger (1).

(1) Je regrette beaucoup aujourd'hui de n'avoir pas tracé ces trois chemins antiques sur la carte ci-jointe, qui, primitivement, n'avait été faite que pour la démonstration d'*Agesinacum*.

Eusèbe Castaigne, qui avait conduit sa voie romaine à Angoulême, a voulu l'en faire sortir : il a été d'abord un peu embarrassé pour indiquer son premier trajet ; cependant, après avoir dit qu'elle suivait une pente un peu raide en sortant d'Angoulême, il la conduit à Bassau, en passant par le village des Roullets qui, dit-il, est une réminiscence du *Ruliacus minor* de la charte de Charles-le-Chauve (852) ; puis, par un pont qui, suivant lui, était à Bassau, il la fait passer sur la rive droite de la Charente, où elle va rejoindre le chemin dit *des Anglais*.

Je demande à faire quelques observations sur ces idées. Certainement, il a dû y avoir un chemin allant d'Angoulême au village actuel dit *des Caves*, que l'on prétend bâti sur l'emplacement de la ville d'*Olype* (1) ou d'*Olypia*, mais ce n'était pas une des grandes voies administratives et militaires des Romains, c'était une voie vicinale, qu'on me pardonne cette appellation moderne, et elle était très postérieure à la carte théodosienne. Il est certain aussi qu'il y a eu là, sinon une ville, du moins des villas où les riches Gallo-Romains d'Iculisma allaient respirer pendant l'été ; le site, sur les bords de la Charente,

(1) Je viens de parler de la ville d'Olype, cette tradition est très-tenace dans cet endroit : là était, disent les habitants, la ville d'Olype en montrant le village actuel des Caves. Aussi, puisque M. le Maire a, depuis quelque temps, baptisé et débaptisé beaucoup de rues, avec plus ou moins d'à-propos, j'avoue que si j'eusse eu l'honneur d'être à sa place, j'aurais consacré ces souvenirs populaires et j'aurais appelé *rue d'Olype* le chemin qui se détache de la rue de Bassau pour descendre au pont de bois, lequel est à cent mètres du village *des Caves*. Et chose qui regarde, non M. le Maire, mais M. le propriétaire, j'aurais appelé *Villa Olypia*, la charmante habitation qu'il a bâtie récemment, au lieu même où ont été les villas de nos ancêtres les Gallo-Romains, sur les bords de la Charente.

étant admirablement choisi. Il est sûr aussi que l'on trouve en ce lieu de nombreuses traces d'habitations très-anciennes ; quant à un pont traversant la Charente d'une rive à l'autre, cela ne me paraît pas démontré ; la tradition locale existe, c'est vrai ; mais la seule trace qui en reste, dit-on, c'est un bloc informe de pierres maçonnées, n'ayant nullement le caractère romain, et qui est placé près et touchant un îlot situé au milieu de la rivière, presque en face de la villa Broquisse. Ce pont ne pouvait donc aller jusqu'à la rive droite, puisqu'il venait se heurter à l'îlot. Encore une fois, la maçonnerie n'est pas romaine et peut se rapporter à toutes autres constructions et à un temps postérieur aux Romains. S'il y a eu un pont, c'était pour conduire dans l'île ou pour quelque servitude locale, et non pour traverser la rivière ; du reste, dans le canal situé de l'autre côté de l'îlot, qui est le canal de la navigation, il n'y a nulle trace de constructions de maçonneries, et, dans les dragages faits souvent dans ce lieu, on n'a point rencontré les piles du prétendu pont ; il n'y en a aucune trace aussi dans les écrits connus. Dans plusieurs chartes du cartulaire de l'évêché, n°s 91, 121, 159, il est parlé de Bassau : *Ad portum de Basselis, ad navem de Bassellis*, mais rien du pont. Nous avons une ordonnance du roi Philippe-le-Hardi, en 1280, qui décrète le transfert du port sous Angoulême, à Saint-Cybard, port qui, auparavant, était à Bassau ; on n'y parle pas du pont (*Bulletin* de la Société archéologique et historique de 1859, p. 40), et, enfin, sur la rive droite, on ne voit point de route correspondante allant se continuer avec le chemin dit *des Anglais*. Ce n'était donc pas, encore une fois, une grande voie qui passait là : ce n'était pas la voie de la carte théodosienne.

Le village des Roullets n'est pas le *Ruliacus minor* de la charte de Charles-le-Chauve. D'abord, dans cette charte, il n'y a pas *Ruliacus minor*, il y a : *Condolon cum Ruliaco minore*. La conjonction *cum* indique que Condolon et *Ruliaco* étaient joints. Or, Condolon étant le Gond ne peut être joint au village des Roullets, qui en est à quatre kilomètres ; tandis que Condolon était joint par un pont avec le petit Roffic, appelé dans les vieilles chartes *Rofiacum*, *Rufiacum* ou simplement Rufic. J'ai donc émis déjà cette opinion (p. 33) que *Ruliaco* était une faute de copiste, une mauvaise leçon, et que, dans la charte de Charles-le-Chauve, il fallait lire *Condolon cum Rufiaco minore*, le Gond avec le petit Rofic ; car il y a bien en réalité le grand et le petit Rofic, tandis qu'il n'y a pas le grand et le petit Roullet ; il y a le village *des Roullets*, qui est au pluriel, tandis que *Ruliaco minore* est au singulier, ce qui constitue encore une dissemblance.

Je dois dire aussi, comme renseignement, que dans le cartulaire de l'évêché, il existe une copie de la charte de Charles-le-Chauve de 853, n° 140, qui diffère sensiblement de celle publiée par Eusèbe Castaigne dans l'*Historia pontificum* etc., page 77 ; cette dernière copie est tirée de la collection de dom Bouquet, beaucoup moins ancienne que celle du cartulaire.

Je vais, à mon tour, donner mon explication sur ce point. Cette partie de notre territoire, au moyen âge et dans les temps les plus anciens, ne s'appelait pas le village des Roullets, mais s'appelait tout salement le quartier du *Podium stercoratum*. Dans une charte (n° 5 du cartul., en l'an 1020, sous l'épiscopat de Rohon, sous le gouvernement du comte Alduin II), nous trouvons une donation faite à Saint-Pierre, prince des Apôtres, porte-clefs du paradis (*Clavigerum*), et à la mère église d'Angoulême par Gauscelmus qui fut fils de Berald des Oumelets (*de Umeolis*) et par son épouse Arsendis qui fut (sic) fille de Dodon ; cette donation consistait en une pièce de vigne (*vinetum de vineis*) située aux Oumelets (*ad Umeolas*) et en une autre pièce de vigne située *in alio loco in podio stercorato* ; et je dois dire qu'aujourd'hui encore ce lieu existe avec son nom tout aussi gaulois, tout aussi malpropre, justement sur le chemin indiqué par Eusèbe Castaigne pour aller d'Angoulême à Olype, et qui n'est pas le même que celui qui va actuellement au port de Bassau. Mais, on comprend que ce nom bizarre et malhonnête ne pouvait guère être prononcé par les gens délicats, aussi on donna au village le plus proche, non pas le nom du *Podium*, mais celui de ses anciens propriétaires cultivateurs qui s'appelaient Roullet, et on a dit alors : le village des Roullet, comme on dit en parlant du village situé un peu avant : village des Garnier, et de celui situé un peu plus haut, à gauche : village des Lambert, comme on a appelé celui qui est situé un peu plus loin, à gauche : village des Grellet ou de Chez-Grellet (1), comme on a appelé celui qui touche le

(1) C'est probablement le lieu de naissance de l'infortuné religieux assassiné par Coligny et ses routiers étrangers.

C'est aussi le lieu de naissance du brave général de divison baron Chemineau, le héros de Lutzen (1813), complétement oublié dans la distribution des noms des rues et des boulevards nouveaux de notre cité, sa patrie. J'avoue que si j'en eusse eu le pouvoir, j'aurais appelé *rue du brave Chemineau* le chemin qui part de la route de Bordeaux pour aller au village de Chez-Grellet, dont la plupart des habitants, honnêtes agriculteurs, sont les parents ou les alliés du général décédé à Poitiers depuis longtemps.

chemin de fer : village des Augeraud, parce que, depuis plus de trois cents ans, il est possédé et cultivé par cette même famille, dont le dernier représentant masculin est mon ami M. l'abbé Augeraud, aumônier du Lycée. Il n'y a donc aucune apparence d'identité entre le *Ruliacus minor* de la charte de Charles-le-Chauve et le village des Roullets.

Je puis résumer en quelques mots toute cette longue note.

Angoulême, c'est *Iculisna*, *Ecolisma*.

Le Gond actuel, c'est *Condolon* de la charte de Charles-le-Chauve, *Condate* de la carte théodosienne.

Cognac, Cougnac, comme prononcent les habitants des campagnes, c'est *Cunacco (Counacco)* (1).

Charras, c'est sûrement *Sarrum*.

(1) Il me paraît impossible de ne pas interpréter le nom de *Cunacco* de la carte de Peutinger par le nom de COGNAC, car, outre l'analogie si grande des mots COGNAC, COUGNAC, avec *Cunacco*, (prononcez *Counacco*, COUNIAC), il y a aussi la considération des distances. Devant le mot *Cunacco* de la carte antique, il y a le chiffre x, qui signifie dix lieues ; mais on n'a su à quoi rapporter cette cote, car la localité plus bas, sur cette route, c'est *Corterate*, que l'on dit être Coutras, et la localité avant, c'est *Vesonna*, Périgueux, qui, d'après l'inspection de la carte, sont l'une et l'autre à une distance infiniment plus grande que ne l'indique le chiffre x. Pour moi, je suis convaincu que ce chiffre x se rapporte à la distance de *Cunacco* à *Mediolano*. En effet, le compas à la main, la distance de ces deux localités, sur la carte antique, est la même que celle de *Condate* à *Sarrum*, marquée aussi du chiffre x. De *Cunacco* à *Mediolano*, il y avait donc x lieues gauloises, ou 25 kilomètres à peu près ; or si, sur la carte de France, on met la pointe du compas sur le point de Cognac et l'autre sur le point de Saintes, on trouve juste 25 kilomètres. Il y avait donc, mathématiquement, de *Cunacco* à *Mediolano* la même distance que de Cognac actuel à Saintes. Je crois que ceci complète la démonstration.

Chasseneuil, c'est *Seranicomajo* de la même carte.

Genac, c'est *Agenac*, *Agenacum*, c'est *Agesinacum*, capitale des *Agesinates* de Pline-l'Ancien.

Angoulême n'a jamais été *Condate Agesinatum*.

Le village des Roullets n'a jamais été le *Ruliaco minore* de la charte de Charles-le-Chauve.

FIN.

Angoulême. — Imp. BAILLARGER, rue Tison d'Argence.

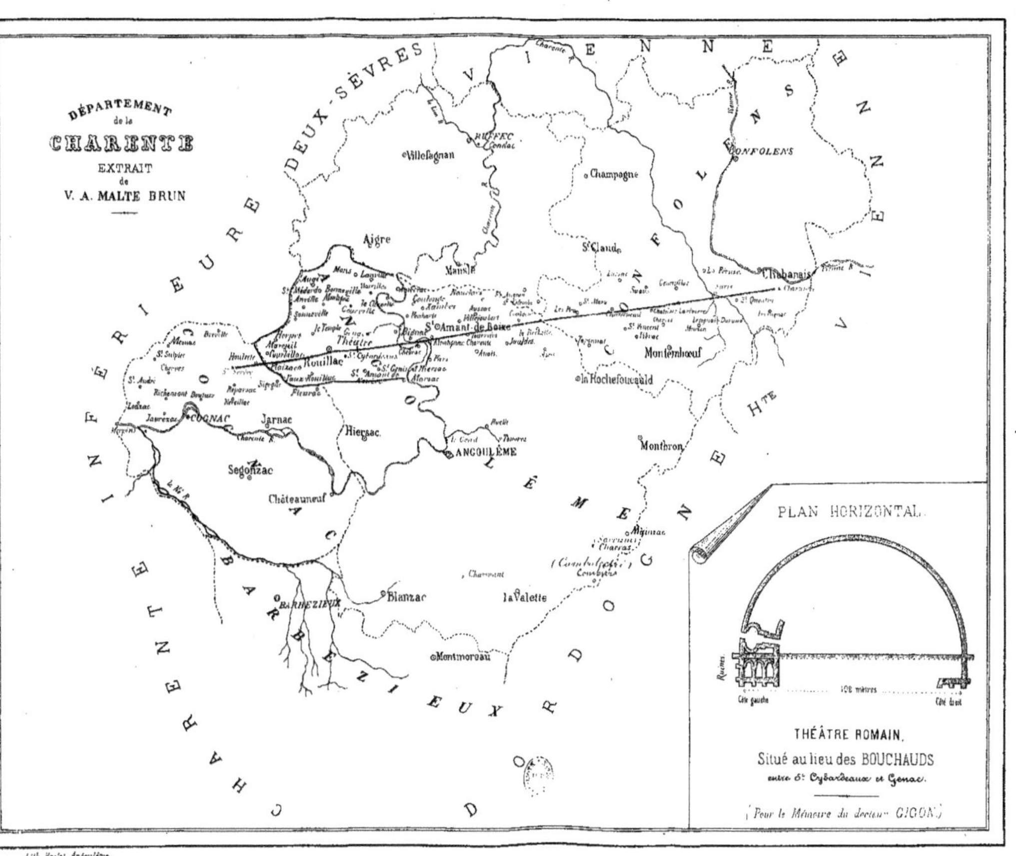

Lith. Vaste, Angoulême.

www.ingramcontent.com/pod-product-compliance
Lightning Source LLC
Chambersburg PA
CBHW052136090426
42741CB00009B/2103

* 9 7 8 2 0 1 1 2 7 9 5 8 3 *